基于素质教育的
初中数学教学实践研究

李 明◎著

吉林大学出版社

·长春·

图书在版编目(CIP)数据

基于素质教育的初中数学教学实践研究 / 李明著. --
长春：吉林大学出版社, 2022.10
ISBN 978-7-5768-1264-0

Ⅰ. ①基… Ⅱ. ①李… Ⅲ. ①中学数学课-教学研究
-初中 Ⅳ. ①G633.602

中国版本图书馆CIP数据核字(2022)第232671号

书　　名	基于素质教育的初中数学教学实践研究	
	JIYU SUZHI JIAOYU DE CHUZHONG SHUXUE JIAOXUE SHIJIAN YANJIU	
作　　者	李明	
策划编辑	李伟华	
责任编辑	张文涛	
责任校对	冀洋	
装帧设计	左图右书	
出版发行	吉林大学出版社	
社　　址	长春市人民大街4059号	
邮政编码	130021	
发行电话	0431-89580028/29/21	
网　　址	http://www.jlup.com.cn	
电子邮箱	jldxcbs@sina.com	
印　　刷	湖北诚齐印刷股份有限公司	
开　　本	787mm×1092mm　　1/16	
印　　张	11	
字　　数	200千字	
版　　次	2022年10月　第1版	
印　　次	2022年10月　第1次	
书　　号	ISBN 978-7-5768-1264-0	
定　　价	68.00元	

作者简介
AUTHOR

　　李明,男,汉族,贵州思南人,本科学历,职称是中学数学高级教师,研究方向是学校教育与管理、教师专业发展、家长学校、初中数学教学等。中共党员,现任思南第三中学支部书记、校长。工作27年来,坚持立德树人,把育人放在第一位;坚持五育并举,把师生发展作为第一要务。近16年来,先后在思南县板桥中学、邵家桥中学、三溪中学、唐乔中学、第五中学、第三中学等6所学校任支部书记、校长。所到之学校,教育教学质量都大幅度提升,得到教师、学生、家长和社会的高度认可,实实在在办让人民满意的教育。10多次被市、县表彰为优秀校长、优秀共产党党员等。先后获得思南县首届十佳校长、思南县首届名校长、铜仁市名校长、梵净山名师等荣誉称号和贵州省名校长工作室主持人。

前　言
PREFACE

　　素质教育是依据人的发展和社会发展的需要,以全面提高学生的基本素质为宗旨,以尊重学生个性和主动精神、注重开发人的智慧潜能、注重形成人的健全个性为根本目的的教育。素质教育对学校教学提出了新的要求,而课堂教学又是实现素质教育的主渠道,如何改革课堂教学结构实现素质教育的目的,就成了中学教师面临的重要问题。素质教育与传统教育并不矛盾,素质教育能有效促进传统教育的发展观,提高学生的应试能力,本研究以准实验设计的形式验证了这一点。从初中数学课堂教学实践出发,将数学的思维方式进行拓展,并把数学运用于实际生活中,数学的学习并不仅仅只是在课堂上运用,更重要的是联系实际,并从中培养中学生的核心素养,进行素质教育。

　　在初中数学课堂教学过程中,老师应该根据学生的实际情况,紧密结合数学教学目标采取合理的教学策略,引导学生解决实际问题,增强学生解决数学问题的能力。培养初中生的数学意识,提升学生的数学应用能力是现代数学素质教育的重要课题。在教学过程中,数学题作为连接数学理论和现实生活的重要枢纽,对培养学生的数学思维、应用数学知识解决实际问题的能力具有重要作用。

　　然而,教与学中存在的一些问题限制了学生数学学科素养的生成与提升。为了进一步了解初中数学课堂教学中存在的问题,尤其是数学学科素养的教学中存在的问题,笔者以素质教育为出发点,以优化初中数学课堂教学为中介,在初中数学教学中通过素质教育结合教学理论与实践找准切入点,将综合素质的培养和数学知识的传授有机地结合起来。本专著首先对素质教育进行了概述，介绍了素质教育的含义及发展历程、分类、基本特点等等；其次对初中数学教学的内涵以及教学策略进行了合理探析；最后，围绕基于素质教育的初中数学课堂实践进行了分析论述，包括初中数学微专题实践、初中数学课堂教学诊断实践、初中数学探究合作式教学实践，通过对基于素质教育视角下初中数学课堂教学实践的探究，为初中数学课堂教学实践研究提供更多参考与借鉴。

李 明

2022.10

目 录
CONTENTS

第一章 素质教育概述

第一节 素质教育的含义及发展历程

一、素质教育的概念

素质教育是强调作为主体的人的基本综合素质的养成与发展的一种教育思想,以及在这种教育思想指导下所实行的旨在提高学生综合素质能力的教育方式。[①]与素质教育相对应的不仅仅是传统教育或专业教育,而是一切不重视人的综合素质提高的教育方式。相对于传统教育、专业教育等传统的教育方式而言,素质教育在重视学生学业的同时,更加注重每个学生的品质、情感、个人条件及特长、应变能力、生活能力、独立意识、竞争意识及个人价值等方面的全面提高。换言之,素质教育是一种让学生在教师的指导下个性得到充分自由发展的教育方式。

传统教育就是单纯以考试成绩的好坏作为教育的主要目标和任务,最终以成绩判断学生的能力。因此,传统教育所培养出来的学生往往有争过"独木桥"的本事,却在一定程度上缺乏独立思考和分析解决问题的能力。素质教育则与之相反,素质教育不仅仅传授知识,同时更加注重学生的文化、身心等方面素质的提高以及学生分析问题、解决问题、获取新知识能力的培养。知识是能力的基础,能力是知识的归宿。

二、素质教育的目的

素质教育的灵魂是创新教育,培养学生的创新精神和创新能力是素质教育的核心。创新是一个民族的灵魂,是一个国家兴旺发达的不竭动力。初见端倪的知识经济,在某种意义上说是创造型经济,这是建立在知识的创新、传播和应用的基础之上的。因此,我们只有不断提高民族的创新能

---

① 段冰,王曦,高路. 教育法律法规概论[M]. 南京:南京大学出版社,2022:100-101.

力,才能永远立于世界先进民族之林。而民族创新能力的增强归根结底要依靠全民族的教育水平的提高和大批具有创新精神和创新能力的人才的培养。《中共中央、国务院关于深化教育改革全面推进素质教育的决定》(以下简称《决定》),进一步提出全面推进素质教育要以培养学生的创新精神和实践能力为重点,就是因为创新能力是一个人整体素质的核心。人作为一个整体,其整体素质不是几个方面的简单相加,人的素质还需要进一步转化为人的活动能力,人的综合素质的高低最终都要表现在人的创新活动上。创新教育的目标就是要培养学生的创新意识、创新精神、创新思维、创新个性、创新技巧、创新品质和创新美感等,也就是让学生做到敢想、敢问、敢做、敢说。

然而创新意味着风险,创新意味着叛逆,素质教育意味着对传统教育的改革,传统的教育体制、用人标准、评价体系等都应得到根本的改革,不然的话,中国的素质教育将会以传统教育的另一种形式出现,教师还会以新的传统教育的方式违心地教学;部分学校领导还可以打着素质教育的旗号更狂热地进行传统教育;一部分人还会用"六经注我"的方式将素质教育为我所用。因此,这就要求社会必须给学校提供一个实行素质教育的环境,当然,这种提供是一个过程,是一种教育与社会的互动。

三、素质教育的发展历程

素质教育是一种深刻的教育哲学理念,一种进步的教育价值取向。它体现了时代发展的特征,也顺应了世界文化的整体走势。"素质教育"一词最早于1987年4月被提出,柳斌在九年义务教育各科教学大纲统稿会上作的"关于制定义务教育教学大纲的几点意见"的讲话中指出:"基础教育不能办成单纯的升学教育,而应当是社会主义的公民教育,是社会主义公民的素质教育"。

1988年第8期《上海教育》上发表言实的文章《素质教育是初中教育的新目标》,这是"素质教育"最早见诸报刊。在此之后,成千上万的文章开始讨论素质教育。素质教育的提出不是偶然的,它一开始是被作为传统教育的对立面提出来的,但它的产生有着深刻的社会背景。首先它是科学技术对人提出挑战的产物,"科学技术是第一生产力"的观念越来越深入人心。其次,它是经济转型对人提出的新要求的反映。

追溯素质教育的产生和发展,我们可以将素质教育的发展历程分成以下三个阶段。

(一)素质教育的酝酿和讨论阶段

1985年5月,第一次全教会上,《把教育工作认真地抓起来》中指出:"经济发展后劲的大小,越来越取决于劳动者的素质。"同年发布的《中共中央关于教育体制改革的决定》中明确指出:在整个教育体制改革过程中,必须牢牢记住改革的根本目的是提高民族素质,多出人才,出好人才。1986年的《义务教育法》规定:"义务教育法必须贯彻国家的教育方针努力提高教育质量,使儿童、少年在品德、智力、体质等多方面全面发展,为提高全民族素质,培养有理想、有文化、有纪律的社会主义建设人才奠定基础。"

1988年5月,国家教育委员会发出《关于减轻小学生课业负担过重问题若干规定》,在教学计划、教学大纲、课外作业、考试、学校工作评价、复习练材料、自习课、假期假日、竞赛、后进生等问题上提出了十项具体要求。素质教育作为一种新理念逐渐被人们所知晓。

(二)素质教育的区域探索阶段

素质教育从理论探索进入实践的领域,从法规的层面规定了要实施素质教育,中国的素质教育进入了区域探索阶段。1993年2月12日,中共中央、国务院印发的《中国教育改革和发展纲要》第七条规定:"中小学要由'应试教育'转向全面提高国民素质的轨道,面向全体学生,全面提高学生的思想道德、文化科学、劳动技能和身体心理素质,促进学生生动活泼地发展,办出各自的特色。"这一条是对素质教育的经典性表述。

1994年6月14日,全国教育工作会议指出:"必须下决心纠正长期存在的单纯应付考试的倾向。这种不良倾向使学校和学生忽视德育、体育,脱离实际,脱离社会,不注重素质的全面提高而一味注重应付考试。如果不认真解决这个问题,势必误人子弟,造成严重后果。""基础教育必须从传统教育转到素质教育的轨道上来,全面贯彻教育方针,全面提高教育质量。"同年8月,《中共中央关于进加强和改进学校德育工作的若干意见》第一次正式在中央文件中使用"素质教育"概念。自此素质教育被政府认可,成为政府行为。

自这以后,素质教育理论与实践逐步深入地展开,1996年,《人民教育》刊载了湖南汨罗大面积推行素质教育的报道,在全国引起强烈反响,全国数万名教育工作者来汨罗参观学习,有力地推进了全国素质教育的实施。这是素质教育实践过程中的一个重要转折点,使改革试验从学校试点扩展为区域试点。1996年3月,第八届全国人大第四次会议正式通过了《关于国民经济和社会发展"九五"计划和2010年远景目标纲要(草案)》,指出:"改革人才培养模式,由'传统教育'向全面素质教育转变。"科教兴国成为我国的一项基本国策。1996年4月10日颁发的《全国教育事业"九五"计划和2010年发展规划》中指出:"教育的根本任务是提高全民族的素质,培养德、智、体等方面全面发展的社会主义事业的建设者和接班人。"1997年9月,国家教育委员会在烟台召开了全国中小学素质教育经验交流会,会中特别强调在贯彻教育方针过程中存在的两个重要问题,一是"面向少数学生,还是面向全体学生",二是"片面发展,还是全面发展"。朱开轩在讲话中指出,义务教育的本质要求就是"使每一个人在德、智、体等方面都得到全面发展",素质教育"以面向全体学生、全面提高学生的基本素质为根本目的,以注重开发受教育者的潜能、促进受教育者德智体诸方面生动活泼地发展为基本特征"。进一步推动了全国中小学素质教育的实施。1997年10月29日,国家教委印发制定了《关于当前积极推进中小学实施素质教育的若干意见》,指出:"实施素质教育是迎接21世纪挑战,提高国民素质,培养跨世纪人才的战略举措。"其中提出的十六条意见将对全国各地推进素质教育产生积极的指导作用。1997年9月12日,中国共产党第十五次全国代表大会在北京开幕,会议指出:"认真贯彻党的教育方针,重视受教育者素质的提高,培养德智体等全面发展的社会主义事业的建设者和接班人。"

1999年第九届全国人大第二次会议的《政府工作报告》中明确提出:大力推进素质教育,注重创新精神和实践能力的培养,使学生在德、智、体、美等方面全面发展。20世纪90年代,从全局上看,在克服"片面"、减轻"负担过重"、扼制"片面发展"、扭转"小面积提高"方面比任何时候都有显著进展,但是并没有从根本上解决问题。

(三)素质教育的全面推进阶段

1999年,国务院批转实施教育部制定的《面向21世纪教育振兴行动计划》，该计划明确提出要实施"跨世纪素质教育工程"。素质教育政策的重大创新出现在1999年6月中共中央、国务院召开的第三次全国教育工作会议上，会上发出了深化教育改革、全面推进素质教育的动员令，素质教育开始进入全面推进的新阶段，会议颁发了《关于基础教育改革与发展的决定》，指出："全面推进素质教育，培养适应二十一世纪现代化建设需要的社会主义新人。"会议指出："各级各类教育都要把全面推进素质教育，提高受教育者的全面素质，作为教育工作的战略重点。"要求端正教育思想，转变教育观念，面向全体学生，加强学生的思想品德教育，重视培养学生的创新精神和实践能力，为学生全面发展和终身发展奠定基础。2001年3月，第九届全国人民代表大会第四次会议批准的《国民经济和社会发展第十个五年计划纲要》明确指出，教育改革和发展必须着力推进素质教育，促进学生德、智、体、美全面发展。2001年5月，国务院印发了《关于基础教育改革与发展的决定》，对全面推进中小学素质教育进行了部署，并于6月召开了全国基础教育工作会议。《决定》要求加快构建符合素质教育要求的新的基础教育课程体系，深化教育教学改革，扎实推进素质教育。

2002年11月，党的十六大报告提出："坚持教育创新，深化教育改革，优化教育结构，合理配置教育资源，提高教育质量和管理水平，全面推进素质教育，造就数以亿计的高素质劳动者、数以千万计的专门人才和一大批拔尖创新人才。"2003年3月，第十届全国人大第一次会议指出，要继续加大对科技、教育的投入。深化教育体制改革，坚持教育创新，全面推进素质教育。2004年2月10日《2003—2007年教育振兴行动计划》实施"新世纪素质教育工程"，注重以整体改革的方式推进素质教育。党的十六大报告提出了2020年全面建设小康社会的战略目标，确立了教育发展目标，为素质教育政策注入了活力，要求我们不断开创素质教育的新局面。2005年1月，教育部公布了2005年教育改革与发展的六项重点工作，其中之一是坚持"育人为本、德育为首"，全面推进素质教育。2006年修订的《义务教育法》第三条规定：义务教育必须贯彻国家的教育方针，实施素质教育，提高教育质量，使适龄儿童、少年在品德、智力、体质等方面全面发展，为培养有理想、有道德、有文化、有纪律的社会主义建设者和接班人奠定基础。素质教育写入了国家法律，这标志着素质教育开始步入依法推进的轨道，实施素质教育已经成为国家意志的体现。新法第一次将实施素质教育明确写入法律,这意味着人们多年倡导的素质教育理念,已作为国家意志在更广大范围实施。2007年党的十七大报告中对教育系统提出的奋斗目标是建设人力资源强国,并明确指出,教育是民族振兴的基石,教育公平是社会公平的重要基础。2008年《政府工作报告》中提出"全面实施素质教育,推进教育改革创新",进一步阐明了实施素质教育是深化教育改革的主题,激励教育界及全社会紧紧抓住素质教育的核心,深化教育改革,为祖国和民族的未来造就亿万高素质人才。在2018年全国教育大会上,习近平总书记首次将劳动教育与德育、智育、体育、美育并列,指出"要努力构建德智体美劳全面培养的教育体系,形成更高水平的人才培养体系"。中共中央、国务院印发的《关于深化教育教学改革全面提高义务教育质量的意见》提出"坚持'五育'并举,全面发展素质教育";国务院办公厅发布的《关于新时代推进普通高中育人方式改革的指导意见》提出要"构建全面培养体系",并要求"到2022年,德智体美劳全面培养体系进一步完善,立德树人落实机制进一步健全"。"五育"并举、"全面培养体系"的明确提出,是对素质教育内涵和实施方略的新发展,有利于教育工作者更全面准确地把握新时代教育的根本任务和基本方略。

四、素质教育发展历程的反思

从素质教育的历史进程来看,目前整个素质教育的实施正处在国家推进、重点突破、全面展开的过程之中,教育领域取得了一系列积极的变化,这与党和国家高度重视素质教育以及广大教育工作者的努力分不开,但我国素质教育目前仍处在探索和构建的初期,素质教育在实践中陷入了困境。这主要受政府、学校、家长以及社会等几方面因素的制约:各级政府部门注重经济发展,而忽视了教育发展规律,也没有建立严格的监督体制,阻碍了素质教育的贯彻实施;学校中,广大校长和教师对素质教育仍处于困惑状态,不知如何实行素质教育,外部又面临着升学率的压力;家长们对"成才"观念落后,把分数看成学业成功的唯一标准,不能理解素质教育;社会用"升学率"高低来衡量学校的教育是否成功,对人才的评价和选拔重学历、轻能力,这就加剧了素质教育的阻碍。素质教育是一个复杂的系统,需要政府、学校、家长以及社会各方面共同努力推动素质教育的实施,培养"个性的人"。

第二节 素质教育的分类

按素质教育的实现范围来分,我国的素质教育主要分为个人、社会和国家三个层面。

一、个人素质教育

个人素质教育是指学生个人在传统教育环境下通过改进学习方式在一定程度上实现素质教育。而这种学习方式就被称为个人素质教育学习方式。个人素质教育的准确定义包括如下方面。[1]

(一)学生个人在传统教育环境下尽全力实践素质教育要求形成的一种先进的学习方式

身处传统教育大环境的学生并非对自己的学习生活无能为力,凭借学生的学习主体地位,他们仍然可以发挥自己的主观能动性,最大限度地按照素质教育的要求改进自己的学习方式,从而实现自己的素质教育。

(二)素质教育与传统教育的结合体

由于学生不可避免地身处应试教育的大环境中,素质教育的实现是不可能十分彻底的,所以个人素质教育必定会含有传统教育的某些因素。比如,虽然以提升综合素质为根本目的,但仍以取得高分为首要目的等。

(三)大多数优秀学生的经验总结

由于传统教育的片面性、狭隘性和低效性,天分并不十分突出的传统教育学习方式实践者往往苦学无效,很难取得十分优异的成绩。大多数优秀学生能取得好成绩,去除先天因素外的根本原因在于其实践了一种兼顾分数与能力,博采传统教育和素质教育两家之长的先进的学习方式,即个人素质教育学习方式。

个人素质教育是由传统教育向素质教育过渡的中介。其原因是广度上,一个人的素质教育是全体学生实现素质教育的前提;深度上,实现传统教育与素质教育结合的学习方式是实现完全意义上的素质教育的基础。

---

[1]岳欣云,董宏建.素养本位的教育:为何及何为[J].教育研究,2022,43(03):35-46.

二、社会素质教育

社会素质教育,是指在一定范围内和一定程度上实现的素质教育。这种素质教育模式跨出了一个人的个人素质教育范畴,首次在集体范围内实现了素质教育;跨出了学习方式范畴,首次涉及了教育教学模式领域。目前,这种模式最常见的表现形式是学校素质教育和地区素质教育。在政策限制、教育发达地区(一线城市)和升学压力相对较小的学校(如小学、初中),这种形式成为素质教育的主要实现形式。

三、国家素质教育

国家素质教育指的是在全国范围内以宪法、法律和地方行政法规为法律基础,拥有完善体制机制保障的完全意义上的素质教育。实现国家素质教育是中国教育改革的最终目的。

第三节 素质教育的机制

一、约束机制

实施素质教育既需要解决"令行"的问题,也需要解决"禁止"的问题。禁止是对背离、干扰、阻碍素质教育实施的行为的禁止。"令行"与"禁止"互相关联,互为因果,是一个问题的两个侧面。约束机制尽管着眼于"禁止",但其实是为了"令行"。实施约束机制更重要的是为了产生有利于实施素质教育的社会舆论以及共同的风尚习俗,从而产生使个体行为从众化的心理动力和压力,使个体在行为上能够有效地自我控制。因此,必要的约束是实施素质教育的有力保障,是素质教育运行机制的重要组成部分。

素质教育的约束包括法规约束、组织约束和文化约束等形式。就法规约束和组织约束而言,也可以分为四个环节。

(一)决策环节

这是对约束的方向、内容、力度等做出决定的过程。例如,教育部印发的《关于在小学减轻学生过重负担的紧急通知》,规定的若干个"不得",同时规定对加重学生负担的违纪事件,一经核实,必须严肃处理,对有关责任人要给予相应的行政处分。有的地方教育行政部门也分别制定了《约法三章》《十不准》等规范性文件，包括对违反行为的惩罚规定。这些是建立在调查研究基础上的正确决策。

（二）实施环节

这是落实约束手段的过程。这一过程同时也是约束与反约束的矛盾、冲突过程，既需要实事求是的态度和认真细致的工作作风，又需要执行者坚定不移的决心和执法必严的气势，以利于维护决策权威，保证其真正落实。

（三）监控环节

这是指决策机构对实施环节和约束对象进行监督、核查和调控的过程，也是对越轨行为施以惩罚的过程。

（四）反馈环节

有关的约束决策是否正确，约束是否收到预期效果，整个约束过程能否良性运转，这些问题需要通过反馈环节获得确切信息，以便对决策、实施、监控等环节做出进一步调整。

二、保障机制

素质教育运行的保障机制为素质教育运行提供必备的基本条件。[1]辩证唯物主义认为，一切具体事物的存在和发展都是有条件的，孤立的不需要任何条件的事物是不存在的。建立健全素质教育的保障机制，就是提供保证素质教育正常运行所需的基本条件。

素质教育保障机制主要包括两个环节。首先，要保证学校经费和设施达到规定标准。《中华人民共和国教育法》第二十六条规定：设立学校及其他教育机构，必须具备下列基本条件：①有组织机构和章程；②有合格的教师；③有符合规定标准的教学场所及设施、设备等；④有必备的办学资金和稳定的经费来源。但是，近年来整体形势不容乐观。至今有些学校，特别是"老少边山"地区的学校办学条件仍然停留在"黑板+粉笔"的阶段，部分学校甚至连粉笔也要限量供应。

学校应该具备的教学仪器、图书资料、运动场地和器材等，几乎是一无

---

①艾丛潞. 马克思人的全面发展理论视域下素质教育的本质回归[J]. 教育与教学研究，2022,36(05):13-24.

所有。有些学校教师工资常遭拖欠、克扣,进修、培训的经费更是无从谈起。学生生活单调,视野狭窄,孤陋寡闻,难以谈得上提高和全面发展。针对此现象,我们要尽快有效地改造薄弱学校,特别是义务教育阶段的薄弱学校,主要是指办学条件差、办学水平差、教学质量差、社会声誉差的学校。近些年来,独生子女的比例越来越高,家长对子女的前途也越来越关心、重视。在越刮越烈的"择校风"中,条件好的学校人满为患,而办学条件差的学校则难以为继,师生在精神上受到创伤,自信心被严重打击,形成恶性循环。这些现象不利于维护正常的教育秩序,不利于维护公民教育和学习权利的平等,更不利于素质教育的实施。

三、动力机制

社会需要是素质教育运行的动力源。提高人的素质既是生存的需要,又是发展的需要;既是社会发展的客观需要,又是个人自我完善的主观需要;既是个人的需要,又是社会、国家以及整个人类持续发展的需要。就一个地区而言,提高人的素质,能有效地促进社区居民素质的提高,满足社区发展的各种需求,符合包括学生及其家长在内的所有人的共同的根本利益,这是实施素质教育永不枯竭的动力源泉。可以说,实施素质教育的动力是客观存在的,也是十分现实的,关键是素质教育的价值尚未被充分揭示,少数学校和家长误认为实施素质教育会损害自己的利益,从而产生某种抵触情绪。因而,建立素质教育的动力机制,首先就是要将阻力变为动力。

素质教育动力机制主要包括三个环节:一是动力源开发环节,即激发人们对素质发展的内在需求,特别是引导人们将单纯的片面的文凭需求变为着重对素质的追求;二是动力转化环节,将对优良素质的需要这一潜在形态的动力转化为追求优良素质的现实动力,转化为参与素质教育的实际行动;三是动力反馈环节,指整个动力机制输出结果对动力机制运行产生影响的过程,通过反馈,动力主体可以获得有关信息,从而对动力机制运行的方向、强度、持久性等做相应调整。

四、激励机制

素质教育激励机制是一种引导过程,包括四个环节。

（一）导向环节

《决定》颁布之前，人们对素质、素质教育等基本概念缺乏统一的认识，因而，一度各地各学校只是依据各自对素质教育的理解，自发地进行相对无序的实践探索。《决定》的颁布，为素质教育的若干基本问题形成统一认识提供了政策性依据，为素质教育的健康发展指明了方向，应当把各地、各学校的思想认识和具体行动统一到《决定》上。地方政府要把"提高国民素质，增强综合国力"的总体目标具体化为提高本地区居民素质、提高地区综合实力、促进区域经济和社会发展的目标，使这一目标作为一面旗帜，充分发挥其凝聚、感召、整合、激励等作用。借用柳斌同志的话说，就是"应该把素质教育的旗帜举得高高的，把素质教育的舆论造得浓浓的，把素质教育的劲头鼓得足足的，要理直气壮地抓素质教育"。

（二）检测环节

根据政府及有关部门的素质教育目标、准则、制度等，对实施素质教育的机构和人员进行检测、评价，包括硬评价和软评价两种。前者指政府部门按照既定的有关条例，对下级政府和学校以及图书馆、博物馆、青少年宫、教育基地、社区教育委员会等实施素质教育的机构和工作人员实施素质教育的情况，进行全面或某一方面的系统检查、评价，带有权威性。后者指社会舆论对学校及教师工作的评价，包括媒体对学校和教师工作的报道、家长和社会人士的有关评论等。

（三）分配环节

根据评价结果按一定程序将社会资源分配给有关单位和个人。社会资源分配包括物质性的，如增加工资、颁发奖品、给予奖金等，也包括精神性的，如授予荣誉称号、晋升职务职称、颁发奖章奖状等。

（四）反馈环节

反馈环节应特别注意两个问题，一是分配结果与评价结果是否一致，二是获得较少社会资源的那部分单位和个人，如何调整自己的观念和行为。应当根据需要不断地对激励标准、手段和过程进行及时调节，使之更加合理公正，更加健全完善，更能使获得激励的那部分单位和个人成为其他单位及个人学习的榜样，使政府对素质教育的提倡变得具体形象，容易为公众广泛接受，从而扩散到整个社会。

第四节 素质教育的基本特点和根本任务

一、素质教育的基本特点

（一）全体性

长期以来，我国的基础教育由于受片面追求升学率的影响，中小学教育紧紧围绕升学有望的学生来进行，其他学生处于被冷落的"陪读"地位。这种教育实质上是一种"选拔"和"淘汰"教育。

素质教育作为一种以全面提高全体学生的基本素质为根本目的的教育，是与传统教育的"选择性"和"淘汰性"相对立的。[1]素质教育必须面向全体学生，使每个学生都具有作为新一代合格公民所应具备的基本素质，这就从教育对象上规定了素质教育的基本性质。素质教育的全体性要求：一方面必须使每个学生在原有基础上得到应有的发展；另一方面必须使每个学生在社会所要求的基本素质方面，达到规定的合格标准。

（二）全面性

在一切为了升学，一切围绕升学的思想指导下，"考什么，教什么；教什么，学什么"成为中小学的一种普遍现象。由于高考范围主要限于学科课程和智育领域，必然出现在教育方针的贯彻上，重视智育，轻视德、体、美、劳各育；在课程设置方面，重视学科课程，忽视活动课程和隐性课程；在学科教学方面，重视语言和数理化等所谓的主要学科，忽视音、体、美、劳等所谓的次要学科；在教育目标方面，重视知识传授，忽视智能、动手操作能力以及情感个性等方面的培养和发展等情况。这种"片面教育"必然导致学生的"片面发展"。素质教育要求受教育者的基本素质必须得到全面、和谐的发展。素质教育的这种全面性要求是有其社会学、教育学和心理学依据的。社会发展对人的素质要求是全面的，而非单一的。从心理学的角度看，人的心理活动具有整体性，认知过程和情意过程的产生与发展自始至终是互相交织、相辅相成的，因而人的素质发展也具有整体性。

---

①刘铁芳. 教育走向人本：当代中国教育自觉的回顾与反思[J]. 南京师大学报（社会科学版），2022（01）：5-16.

素质教育的全面性要求:一方面必须使每个学生在道德素质、科学文化素质、智能素质、身体素质、审美素质、劳动素质和心理素质等方面,都得到应有的发展;另一方面必须使每个学生的素质结构得到协调发展和整体优化。

(三)基础性

素质教育是"为人生做准备",即"为人生打基础"的教育。这就从社会经济发展对人的素质的基本要求上规定了素质教育的性质。素质教育的基础性要求一方面必须使学生所接受的教育内容是当代社会要求每一个公民所必须掌握的;另一方面从社会发展的角度必须让每一个学生掌握"学会做人、学会学习、学会健体、学会劳动、学会审美"等基本技能。

(四)发展性

传统教育的重要弊端之一就是把学生单纯视为接受知识的"容器"。素质教育不仅重视学生知识和技能的掌握,更重视学生智慧、潜能和个性的发展。而这些素质单靠一般的"灌输"是难以奏效的。"人们可以提供一个物体或其他什么东西,但是人却不能提供智力。人必须主动掌握、占有和加工智力。"①智脑科学研究的大量成果表明,人有巨大的潜能,现已开发的只占它很小的一部分。潜能就是每个人潜藏着的智慧才干和精神力量,被称为"沉睡在心灵中的智力巨人""每个人身上有待开发的金矿脉"。素质教育的发展性意味着素质教育对学生潜能开发和个性特长发展的高度重视。一是教师要相信每个学生的发展潜能。每个人都有潜能。目前各人能力的高低很大程度上是各人潜能开发的程度不一样,而且绝大多数人的潜能没有得到充分的开发。二是教师要创造各种条件,激发学生的这种无限的创造力和潜能,使每个学生都有机会在他天赋所及的一切领域最充分地展示并发展自己的才能。

(五)主体性

如何看待学生在教育教学过程中的地位和作用,是素质教育与传统教育的重要区别之一。在传统教育过程中,一切活动都围绕教师的教来进行,学生往往处于附属地位。这种师生观、教学观最典型的表现就是教师

①(德)第斯多惠. 德国教师培养指南[M]. 袁一安,译. 北京:人民教育出版社, 1990:21-22.

在教学中让学生被动接受知识。在这种课堂教学中,学生很少有主动参与机会。素质教育则不然,它充分尊重学生在教育教学过程中的主体地位。素质教育的这种主体性要求是与人的主体性原则在当代社会实践活动中的确立分不开的。

素质教育的主体性,从根本上说,就是教师要尊重学生的自觉性、自主性和创造性。一是教师要尊重学生的独立人格,这是教育的前提,也是对待学生最基本的态度。教师不可能喜欢学生的一切,但教师要认识到学生是一个有价值的人,一个值得尊重的人。二是要把学习的主动权交给学生。在教育教学过程中,教师要善于激发和调动学生学习的积极性,要教会学生学习,要让学生有自主学习的时间和空间。

(六)开放性

以教师中心、教材中心和课堂中心为代表的传统教育思想是比较适合传统教育需要的,这也正是传统教育教学思想在我国仍然支配教师教学行为的重要原因之一。传统教育中学生接受教育的场所主要是课堂,知识和信息的来源主要是教师和课本,形成了封闭的教育空间和单一的信息来源渠道,从而导致了传统教育的"封闭性"。如果说,传统教育的任务还可能由学校和教师独揽的话,那么,素质教育的任务,在校园里仅仅靠教师是难以完成的。素质教育由于涉及学生的全面发展,教育内容大大拓宽了,因此,也要相应宽广的教育空间和多样化的教育渠道与之相适应。因而,从素质教育的空间和教育渠道看,素质教育不再局限于校内、课内和课本,具有开放性。系统科学认为,任何系统只有开放,与环境进行信息交往,才能有序运行。

素质教育的开放性,一方面要求拓宽原有的教育教学空间,真正建立起学校教育、家庭教育和社会教育相结合的教育网络;另一方面要求拓宽原有的教育教学途径,建立学科课程、活动课程和潜在课程相结合的课程体系。

二、素质教育的根本任务

党的十九大报告强调,要"落实立德树人根本任务""培养德智体美全面发展的社会主义建设者和接班人",为人才培养指明了方向。①深入研究立德树人根本任务的内涵,对于贯彻落实党的十九大精神,落实立德树人的根本任务,具有重要意义。

（一）明大德、守公德、严私德

十九大报告明确提出,"社会主义核心价值观是当代中国精神的集中体现,凝结着全体人民共同的价值追求"。党的十八大以来,我们党在价值理念和价值实践上达到了新高度。习近平总书记在北京大学师生座谈会上深刻揭示了社会主义核心价值观的本质,"核心价值观,其实就是一种德,既是个人的德,也是一种大德,就是国家的德、社会的德"。把国家的德、社会的德、个人的德作为核心价值观的本质,是对人类文明道德伦理的创新发展。

十九大报告强调,要"培育和践行社会主义核心价值观""发挥社会主义核心价值观对国民教育的引领作用"。这一思想,把培养什么样的人与社会主义核心价值观更加紧密地结合起来了。习近平总书记2014年在上海考察时强调,"要注意把社会主义核心价值观日常化、具体化、形象化、生活化,使每个人都能感知它、领悟它,内化为精神追求,外化为实际行动,做到明大德、守公德、严私德"。习近平总书记"明大德、守公德、严私德"的思想,与社会主义核心价值观紧密相连,把涉及国家、社会、公民的价值要求融为一体,使立德有了明确的目标和"抓手",既是马克思主义道德观的创新发展,又是新时代立德树人根本任务的本质要求。

（二）培养有志向的人

"人民有信仰,国家有力量,民族有希望。"十九大报告中指出,要"广泛开展理想信念教育"。信仰作为一种志向,是力量和希望的源泉。理想信念问题,是落实立德树人根本任务的首要问题。崇高的理想和坚定的信念,不仅是中国共产党人的政治灵魂,而且是青少年成长成才的"定海神针"。学校教育不应局限于帮助青少年获取文化知识,更应帮助青少年选择信仰体系、坚定理想信念。青少年应该把中国梦作为远大理想,把建设中国特色社会主义作为人生信念。就如何让理想信念在心中扎根,习近平总书记2013年在同各界优秀青年代表座谈时强调,"广大青年要坚定理想

---

①王海霞．习近平关于意识形态教育重要论述探析［J］．科学社会主义,2022（03）：41-47.

信念,把理想信念建立在对科学理论的理性认同上,建立在对历史规律的正确认识上,建立在对基本国情的准确把握上"。①习近平总书记在十九大报告中指出,要"志存高远,脚踏实地,勇做时代的弄潮儿,在实现中国梦的生动实践中放飞青春梦想,在为人民利益的不懈奋斗中书写人生华章"。培养有志向的人、引导青少年坚定理想信念的思想,形成了一个完整的逻辑体系,深刻回答了青少年为什么要树立理想、应该树立什么样的理想、怎样树立理想的重大问题。

(三)培养有担当的人

十九大报告指出,"青年一代有理想、有本领、有担当,国家就有前途,民族就有希望"。担当是一种品格、勇气和能力,是一种社会责任感,是一种推进青年成长成才的力量。作为新时代的青年人,在实现中华民族伟大复兴的中国梦进程中责任重大、使命光荣。国家的前途,民族的命运,人民的幸福,是当代中国青年"必须和必将承担的重任"。

2017年,习近平总书记在中国政法大学考察时强调:"青年处于人生积累阶段,需要像海绵汲水一样汲取知识。"知识是增长本领和成就梦想的重要基础,学习是实现人生价值和履行社会责任的必备铺垫,青少年离开校园成功走向未来,勇于担当重任,必须依靠学习。教育要引导学生既读有字之书,又读无字之书;既要专攻博览,又要关注社会,在理论与实践的互动过程中,不断提高与时代发展和事业要求相适应的素质和能力。

培养有担当的人、教育引导青少年认真刻苦学习的思想,深刻揭示了知识传授与价值引导密不可分的关系,明确要求在落实立德树人根本任务中必须把知识传授与价值引导有机结合起来。

(四)培养有修养的人

习近平总书记在十九大报告中强调,"要提高人民思想觉悟、道德水准、文明素养""推进社会公德、职业道德、家庭美德、个人品德建设,激励人们向上向善、孝老爱亲,忠于祖国、忠于人民""强化社会责任意识、规则意识、奉献意识"。修养是高尚的品质、正确的处世态度和完善的行为规范。人作为社会存在,参与社会活动,必须具备政治修养、思想修养、文化修养、道德修养、作风修养、学识修养、科技修养、身心修养等。青少年的

---

① 代玉启. 新时代青年理想信念教育的境遇与理路创新[J]. 思想理论教育导刊,2022(05):110-116.

成长与修养密切相关,修养是立身、立业、立言、立德的基石,只有追求高尚情操,把修养层次提高,成长才会更快。要教育引导青少年形成高尚的人格修为,在修养上追求卓越,把追求真、善、美作为人生目标,以自己全部的情感、意志、信念去践行理想、创造价值,实现高尚人生目标和创造有价值的人生。青少年将来有所作为,不仅要靠学术水平,更要靠高尚品格。帮助青少年锤炼高尚品格,要着力引导青少年把正确的道德认知、自觉的道德养成、积极的道德实践结合起来。培养有修养的人、教育引导青少年锤炼高尚品格,是提高青少年修养的总要求。

(五)培养能创新的人

"创新是引领发展的第一动力。"创新驱动的实质是人才驱动,谁拥有创新人才的优势,谁就会拥有创新实力的优势。习近平总书记在十九大报告中强调,要"培养造就一大批具有国际水平的战略科技人才、科技领军人才、青年科技人才和高水平创新团队"。[①]

创新是推动民族进步和社会发展的不竭动力。青少年勇于创新创造,是把握自己人生,更是把握推动当今社会变革的强大动力和把握应对未来政治、社会经济及科技发展的重要力量。培养能创新的人、教育引导青少年不断勇于创造的思想,指明了青少年创新创造的方向,提出了人才培养的重要要求。

(六)培养有体魄的人

青少年拥有健康的身心,民族就有兴旺的源泉,国家就有强盛的根基。十九大报告指出,要"广泛开展全民健身活动,加快推进体育强国建设",要"加强社会心理服务体系建设,培育自尊自信、理性平和、积极向上的社会心态"。教育工作要加大力度提升青少年的意志品质,帮助青少年培养和训练科学的思维方法与思维能力,养成历史思维、辩证思维、系统思维、创新思维的习惯,敢于面对困难和挫折,正确对待成败得失,自觉培养不畏艰难、顽强奋进的意志品质。习近平总书记十分关心青少年身心健康,鼓励青少年经常参加劳动和体育锻炼,通过多种方式怡情养性。培养有体魄的人、教育引导青少年促进身心健康的思想,明确了"要把身心健康牢牢抓在手上"的原则要求,指明了促进青少年身心健康的工作的着力点。

---

①周如东,王梦娜.习近平"全过程"育人重要论述的内涵、特征与价值引领[J].中国石油大学学报(社会科学版),2022,38(03):84-91.

第二章 初中数学教学内涵

第一节 初中数学教学的功能意义

数学教学的目的,从本质上来讲,不在于或不单单在于培养多少数学家、数学才子。而在现在看来,培育人的数学思想和解决问题的方法,开拓头脑中的数学空间,促进人的全面发展和提高是极为重要的。[①]具体来讲,现在的义务教育阶段的数学强调从学生已有的生活经验出发,让学生亲身经历将实际、抽象、难解的数学题目进行解释与应用的过程。从而使学生在掌握数学知识的同时,在各个方面都得到良好的发展。下面就从四个方面探讨分析数学教育的意义。

一、学习数学能够使学生的智力结构得到发展

智能结构是数学教育所培养和形成人的素质中的主要组成部分。学生通过数与计算、空间与图形、量与计量、统计与概率、方程与关系等各方面的学习,从而来观察和了解现实世界,使学生充分认识到数学是从人类实践活动中产生和发展起来的,同时又广泛地应用于实践。例如,有一位数学教师在给学生传授"二次根式加减法"的时候,重点让学生明确二次根式加减法的前提条件是找同类二次根式,只有同类二次根式才能进行加减运算。例如:非常形象地把这一问题说成是"牛羊问题",把被开方数相同的两类分别命名为牛群和羊群,从而在合并同类项的时候就只需把牛群关进牛圈、羊群关进羊圈。这样一来,学生就很容易明确,找同类二次根式的本质就是被开方数相同,这样,使学生更加深刻地对同类二次根式铭记在心。

思维品质是智能素质的内核,其表现为思维的灵活性、严谨性、批判性、广阔性及创造性。

①胡绪. 教师一般育人能力及其发展研究[D]. 重庆:西南大学,2021:30-31.

灵活性表现为不过多地受思维定式的影响,能够准确地调整思维的方向。因此,我们在教育教学的过程中通常提倡的是一个问题用多种方法解决,也是培养思维的一个途径。例如:在学习了平行四边形判定定理1(两组对边分别相等的四边形是平行四边形)和判定定理2(两组对角分别相等的四边形是平行四边形)后,要证明定理3和定理4的时候就可以采用定义证明法、定理1或定理2多种方法进行证明。

严谨性表现为考虑问题细心,有理有序,在数学中问题的解决可以用直观法,但应当鼓励学生不停留在直观的认识水平上,可以运用合情推理。但一定要注意紧密计算、有理有据、逻辑性强。

批判性指对有的数学表述或定理论证敢于提出自己的看法,而不是毫无目的、一味盲从地接受。

广阔性指一个数学事例或问题能够做出多方面的解释,能用多种形式表达、解决问题。例如:要描述两直线平行可以从多方向进行解释定义:第一,文字表达直线 m 平行于直线 n;第二,数学用语:$m//n$。

创造性指思维活动的创新程度,分析解决时的方式、方法和结果的新颖、独特,善于发现和解决延伸问题,是创造性思维的一种体现。这样看来,这些良好思维品质的形成,必须逐步提升为一种创新意识和创造能力,对数学教育,特别是中学生数学教育,有着极大的意义。

二、钻研数学能够健全学生心理素质

决定一个人成败的关键,并不真正取决于他们智商的绝对高下,而在更大程度上依赖于他们心理素质的优劣。也可以这样说,一个人的心理素质是否适应环境,是赢得学习和生活的必要条件,它对人的素质形成起着平衡调节作用。

数学的抽象性使得解决数学问题时经常会遇到许多困难,使学生经常体验到挫折和失败,而这正是打磨心理品质的良好时机。有这样的论述:"如果学生在学校里面有机会尝尽为求解而奋斗的喜怒哀乐,那么他的数学也就在最重要的地方失败了",[1]这样看来,愈挫愈勇、百折不挠的良好心理素质是不会在温室中形成的。

---

[1]罗增儒.解题教学是解题活动的教学[J].中学数学教学参考,2020(32):19-22.

三、感知数学能够增强学生的审美意识

自古以来,数学就吸引着人们的注意力,它不同于自然美和艺术美,数学是一种理性美,没有一定的数学素质的人是无法体验到的。勾股定理以一个简单整齐的形式表达了一切直角三角形边长之间的关系,其解法与概括给人以美的享受;黄金分割点出现的比例关系,解决了多少女性朋友的穿衣问题,令人赏心悦目。

还有许许多多数学命题结构上的对称,给人以最好的启发,这些都是数学的美。所以说,感知数学、学习数学能够增强学生的审美意识。

四、新课标下初中数学教学的育人功能

新的课程标准把德育教育放在十分重要的地位,并指出"结合数学教学内容和学生实际对学生进行思想品德教育,逐步树立科学的世界观和人生观是数学教学的一项重要任务"。①这充分说明了德育教育在整个教育教学中的重要地位,也对新课程标准下的数学教育提出了新的挑战。

(一)以数学史育人

每一项数学成果都是一部动人的史话。数学史是几千年人类文明史的一个重要组成部分,和其他自然科学相比,数学有其独特之处。一百多年前,德国数学史家汉克尔就形象地指出过数学和其他自然科学的显著差异,他写道:"在大多数学科里,一代人的建筑为下一代人所摧毁,一个人的创造被另一个人所破坏。唯独数学,每一代人都在古老的大厦上添砖加瓦。"

可以说,数学是积累的科学,它本身就是历史的记录,或者说,数学的过去融化在现在与未来之中。通过学习数学史料和数学史知识,能使学生开阔视野、启发思维,增加学习兴趣。尤其是我国古代数学家取得杰出成就的故事,更是一部弘扬爱国主义精神、催人奋发的好教材,可以激发学生的民族自尊心和民族自豪感。

(二)以数学美育人

数学不能立刻唤起人们的美感,不能使人们一眼就看出它的审美价值。特别是对中学生而言,他们受阅历、知识水平、审美能力等条件的限制,很难把审美客体的真正意蕴充分体味出来,这就需要我们不断地深入

---

①钟柏昌,刘晓凡. 论"五育融合教育"[J]. 中国电化教育,2022(01):86-94+104.

采撷审美内容,不失时机地加以引导,使他们领略到数学中的内蕴的一种独特美的品质。这对于开发中学生的非智力因素的领域、培养创造美感、发展智力品质、造就一代合格人才,起到不可估量的作用。

数学中处处存在美,只要认真挖掘就可以发现相当可观的美育资源。一些学者把数学美归结为简洁美、对称美、和谐美和奇异美。我们分别就这四方面做一些讨论和分析。

1.简洁美

人们在日常生活中,常以"成千上万"来形容多,再多就是"百万""千万",更多则是"亿万"。可是,数学能做出更简洁也更明确、更有力的表示。从微观来说,日常语言之中,"失之毫厘,谬以千里",用一毫一厘来形容微小,还有形容体积之小的、时间之短的、距离之近的,但是没有比"10^{-15}""10^{-45}"这样一些表达更能说明问题,更简洁、明了。

2.对称美

在日常生活中,我们可以看到许多对称的图案、对称的建筑物,绘画中也往往运用对称的手法。在几何图形中,有所谓的点对称、线对称、面对称,球形既是点对称的,是线对称的,还是面对称的。古希腊学者认为:"所有立体图形中最美的是球形,所有平面图形中最美的是圆形。"①这种赞美,其原因很可能是基于球形和圆形的对称性和匀称性。

3.和谐美

统一、和谐,这是数学美的又一侧面。对称也可说是和谐的表现之一,但统一、和谐有更广泛的表现。矩阵、行列式在代数中起到多方面的作用,它在几何研究中也起作用,它把几何图形的某些内在联系揭示得更清楚,这是代数与几何和谐、统一的进一步表现。

4.奇异美

数学中的奇异是吸引许多人喜欢数学的原因之一,人们也因此而特别愿意考查它、了解它、研究它、欣赏它。

课堂教学中通过精辟的分析、形象的比喻、巧妙的启发、严密的推理以及生动的语言、精心的板书等诸多方面体现数学中美的神韵,让学生得到美的熏陶和享受。因此,教学时要及时抓住时机,有针对性地点拨引导,让学生学会对数学美的鉴赏。从某种意义上讲,任何一个数学问题的解决

①米华.和之辨——先秦与古希腊造物思想比较[J].创意设计源,2019(06):54-59.

过程都可以看成是一个审美、赏美的过程,学生在其中感受到了愉悦,完善了品德。

（三）以数学中的唯物辩证法育人

数学是研究空间形式和数量关系的一门科学。虽然在纯粹的数学知识中,并不带有明显的德育色彩,但我们知道唯物主义和辩证法是科学世界观的核心部分,而任何数学知识的形成都离不开对客观世界的探索。例如:正与负、有限与无限、常量与变量、函数与反函数、数与形都是灌输对立统一、否定之否定、量变与质变等辩证思想的极好教材。同时,实数与虚数的关系亦如此,它们既对立又互相依存,没有虚数就无所谓实数,它们又统一于复数 $a+bi$ 之中。而且在一定条件下,实数与虚数可以互相转化,实数 b 乘以 i 转化为虚数,虚数 bi 再乘以 i 又转化为实数。客观世界是一个运动、变化、发展的对立统一体,作为反映客观世界数量关系变化规律性的数学,必然充满着辩证法。因而,中学数学中蕴涵着极其丰富的唯物辩证法因素。以正确的观点阐述教学内容,不仅有利于学生对数学知识的掌握,而且有助于科学世界观的形成。

（四）以数学的严谨性育人

数学是逻辑性很强、思维高度抽象的学科,数学中一些概念的界定、法则的运用、结果的验证都有相当严格的要求和规定。在数学中经常接触的是数字和图形,数字不能有一点错,图形要力求完美、符合要求,这些要求都促使学生严格要求自己,凡事都要认真仔细,工作要有条有理,对计算结果要负责任。

因而,学生学习数学的最终目的绝非单纯是为了获得相关的知识,更重要的是通过学习接受数学精神和思想方法,将其内化成自己的智慧,使思维能力得到提高、情操修养得到陶冶,并把它们迁移到工作、学习和生活的各个方面。

总之,一个全面发展的人,既应掌握丰富的知识,又应具备高尚的人格。寓德育于数学教学之中,要求自然渗透、隐而不露,提高渗透的自觉性、把握渗透的可行性、注重渗透的反复性。结合学生的思想实际和知识的接受能力,点点滴滴、潜移默化,以达到德育和智育的双重教育的目的。

第二节 初中数学教学目标与评价

一、数学教学目标

教学目标是课堂教学的核心和灵魂,是课堂教学的根本出发点及归宿,它支配着教学的全过程,关系到教学活动的导向、教学内容的取舍、教学方法的运用和教学效果的评价等。[①]在新课标理念下确立的教学目标应该具有全面性,明确性、层次性,既符合《课标》的要求,又符合学生的学习实际。

(一)对教学目标的基本认识

刘芳在《高中思想政治课教学目标的价值取向研究》一文中指出:"教学目标是教师根据《课标》和学生特点预设的本课时或本单元教学过程中和教学过程结束后学生的身心变化,最具实践性、实效性、可操作性和可测评性。"[②]教育目的、教育目标、培养目标和课程目标的主要意图和方针都要通过教学目标来体现,它是教学活动的起点和终点,也是教学评价的重要依据。

李如密在《中国教育学刊》上发表的《教学目标与目标教学》一文中指出:"教学目标是指教学活动主体预先确定的,在具体教学活动中所要达到的,利用现有技术手段可以测度的教学结果。"[③]

覃翠萍、梁星全在《科技咨询导报》中发表的《如何制定教学目标》一文中指出:"所谓教学目标,就是预先确定的通过教学可以达到的,并利用现有技术手段能够测度的教学结果,是教师希望学生从该学科和每节课中应该学到的东西。"[④]它是组织、设计、评价一节课的基本出发点和依据,没有教学目标就好像一个人没有了灵魂,没有了思想,干什么都是漫无目的。有了教学目标,教师才能根据教学目标去组织课堂的教学,设计教学的程

[①]陈艳秋,林忠,殷晓丽. 基于创新能力培养的研讨式教学模式探讨[J]. 航海教育研究, 2022,39(01):71-75.

[②]刘芳. 高中思想政治课教学目标的价值取向研究[D]. 长春:东北师范大学,2009:11-12.

[③]李如密. 教学目标与目标教学[J]. 中国教育学刊,1997,5:45-46.

[④]覃翠萍,梁星全. 如何制定教学目标[J]. 科技咨询导报,2007,16:21-22.

序等。教学目标这一概念具有四层含义:一是教学目标是师生双方共同的目标,对于老师来说,就是讲授的目标;对于学生来说,就是通过教学活动最终产生的终结行为的变化。二是教学目标是一种预期结果,是教学活动过程终结后出现的结果,而不是现实变化。三是教学目标是经过努力可以达到的结果,是具体可操作的。四是教学目标是可以测量的。

李旭东等于2007年在《内江科技》发表了《浅论教学目标》一文,文中指出:"教学目标是教师从事教学活动之前所设想的行动要达到的目的与期望。"[①]它有两方面的含义:①它是以学生的身心变化为标准的。②学生的这种身心变化是从教师的期望开始的,教师为实现期望就要在整个教学过程中为之奋斗,通过不断地备课、讲课,从中总结经验改进教学,提高教学质量。

邵朝恒于2010年发表的《把握三个环节 实现课堂教学目标》一文认为:"教学目标包括'知识与能力''过程与方法''情感、态度与价值观'三个维度。"[②]在这三个维度当中,情感目标是最高追求,知能目标是基础,方法目标既是目标也是实现知能目标与情感目标的手段。教学目标在教学中主要有导学、导教、导测量三种功能。

导学——确定教学范围、教学内容、教学重点和难点以及学生的原有学习基础等引导学生自主、积极地参与教学过程。

导教——确定教师将采取的教学步骤、教学环节以及每个步骤或环节将采取的教学活动,指导教师有条理地去完成教学计划或任务。

导测量——明确学生要达到的学习要求或水平,为教师本人及教育监督者提供检测的标准和依据。

(二)课堂教学目标的确定

课程是学校教育的核心,课程目标是教学工作的方向和应当达到的水平或程度。教学目标是课堂教学的核心,课堂教学目标只是指导某一节课的教学过程。一方面,课堂目标是以《义务教育数学课程标准》(以下简称《课标》)所规定的知识内容、教学要求等为依据制定的。另一方面,课程目标又不能代替课堂目标,它们之间是"上位与下位""普遍性与操作性"

①李旭东,何敏. 浅论教学目标[J]. 内江科技,2007,1:17-18.
②邵朝恒. 把握三个环节 实现课堂教学目标[J]. 教育理论与实践,2010,30(32):52-54.

"总体要求与具体结果"的关系。另外,课程目标是既定的,课堂目标是生成的。

教学目标是期望学生在完成学习任务后达到的程度,是预期的教学成果,是设计、实施和评价教学的基本出发点。然而,经过调研发现,目前许多教师在教学目标设计方面仍存在一些问题。对教学目标设计认识不足,应付了事,多数教师在平时教学设计中教学目标照抄《课标》或参考书;教学目标空泛,不具有操作性、可评价性;三维目标不分主次,缺乏针对性;教学目标描述行为主体不明确,行为动词不规范、不具体。

1.教学目标确定的三个要素

(1)课程标准

《课标》是纲领性文件,是教材编写、教学、评估和考试命题的依据,是国家管理和评价课程的基础,体现了国家对不同学段学生在知识与技能、过程与方法、情感态度与价值观等方面的基本要求,具有法定性、指导性。

《课标》将课程目标分为总目标和学段目标,总目标从知识技能、数学思考、问题解决、情感态度四个方面具体阐述。学段目标分为三个学段,并强调"总目标的这四个方面,不是相互独立和割裂的,而是一个密切联系、相互交融的整体""这些目标的整体实现,是学生受到良好教育的标志,它对学生的全面,持续、和谐发展有着重要的意义""数学思考、问题解决、情感态度的发展离不开知识与技能的学习,知识与技能的学习必须有利于其他三个目标的实现"。

四个方面"知识技能、数学思考、问题解决、情感态度"可分为两类,一类是结果性目标(知识技能),用行为动词"了解、理解、掌握、运用"等来描述;另一类是过程性目标(数学思考、问题解决、情感态度),用行为动词"经历、体验、探索"等来描述,并且明确规定了行为动词的同类词。

"了解"的同类词:知道、初步认识。

"理解"的同类词:认识、会。

"掌握"的同类词:能。

"运用"的同类词:证明。

"经历"的同类词:感受、尝试。

"体验"的同类词:体会。

《课标》中课程内容分三个学段,分别规定了每个学段的学习内容及要达到的程度。

课程目标、课程内容是确定教学目标的直接依据,这是教师必须抓住的根本要素,否则就会偏离方向,不能更好地发挥数学在培养人的思维能力和创新能力方面的育人功能。

(2)教材知识体系

第一,要对章节、单元、全册或全套教材进行梳理,通盘了解,基本了解本学科的体系和结构,知识的前后顺序,章节或单元目标和重点以及课时分配等,这对本学期的教学起到纵观全局的统领作用。

第二,要读懂教材,因为教材本身是按照课程目标编写的,它不仅提供了知识内容,还考虑了方法因素、情感因素和素养要求及过程设计。教师在使用教材时首先要理解编者意图,深挖教材,从而确定教学重点、难点,避免"照本宣科",做到"用教材教"而不是"教教材"。

案例:"同底数幂的乘法"一课(北师大版)。

教材的地位和作用分析。《同底数幂的乘法》是在学习了有理数的乘方和整式的加减之后,为了学习整式的乘法而学习的关于幂的一个基本性质(法则),又是幂的三个性质中最基本的一个性质。"同底数幂的乘法"从发现到验证经历了"观察、发现、归纳、概括"的过程,实现了从特殊到一般的归纳方法。学生理解并掌握了"同底数幂的乘法"的学习方法和研究路径后,就能用类比的方法自主学习"幂的乘方"和"积的乘方"了。由此可见,同底数幂的乘法是整式乘法的逻辑起点,是该章的起始课,承载着单元知识以及学习方法、路径的引领作用,在本章的学习中具有举足轻重的地位和作用。

(3)学生的学习实际

学生的学习基础、知识结构、情感态度,即学情分析,是我们制定教学目标的重要根据之一。学情分析主要是根据课程目标和教材内容分析学生的认知基础。先分析学生已有的知识和技能以及在学习新知识时需要哪些知识和技能,同时还要了解学生的生活经验、情感态度方面的适应性及学生的个体差异,为不同状态和不同层次的学生制定易于达成的目标,使教学目标更有针对性,真正做到"目中有人"。

案例:"同底数幂的乘法"一课(北师大版)。

学生学情分析。学生已掌握有理数的运算,并已初步具有用字母表示数的思想,但用字母来归纳同底数幂的乘法法则,使其具有一般性,对学生的抽象思维能力和逻辑推理能力要求较高。因此,在教学中设计了从特殊到一般的方法,引导学生复习有理数的乘方运算。为学生学习的逻辑起点,在教学中充分类比数的运算方法,然后再过渡到字母,通过观察和进一步体会、运用幂的意义,顺利从数的运算过渡到字母运算,最后得到以字母为底的幂的运算法则。由于学生基础水平比较差,所以要进一步复习巩固有理数的乘方运算和整式加减运算。由于七年级下学期已有一些学生对数学学习感到困难和厌倦,因此,要考虑充分调动学生的学习积极性,并从低起点入手,设计不同层次的问题,让学生在学习过程中体验成功的乐趣。

2.教学目标确定的两个步骤

(1)将《课标》要求分解成章教学目标

确定课堂教学目标,首先从《课标》出发,从课程总目标、学段目标和课程内容方面明确《课标》要求,其次,将《课标》要求分解成本章教学目标。

(2)将章教学目标分解成课时教学目标

第一,根据章教学目标进行课时教学任务分析。分析课时的教学内容在本章或知识体系中的地位和作用,本课时教学内容的前后知识联系,本课时教学任务及重点、难点。

第二,进行学情分析。分析学生已有的知识基础、生活经验和情感体验等方面的现实状况。教师教学应该以学生的认知发展水平和已有的经验为基础,将原有的知识、经验作为新知识学习的起点,将教学起点置于学生的"最近发展区"上,学习起点不能过高也不能过低。

案例:"用公式法求解一元二次方程(第一课时)"课堂教学目标设计。

第一步:将《课标》要求分解成章教学目标。

从《课标》开始,明确《课标》要求:①体验从具体情境中抽象出数学符号的过程,理解方程;掌握必要的运算(包括估算)技能;探索具体问题情境中的数量关系和变化规律,掌握用方程进行描述的方法(课程目标:第三学段目标——知识与技能)。②通过用方程表述数量关系的过程,体会模型思想,建立符号意识(课程目标:第三学段目标——数学思考)。③能够根据具体问题中的数量关系列出方程,体会方程是刻画现实世界数量关系的有效模型(课程内容:第三学段内容)。④经历估计方程解的过程(课程内容:第三学段内容)。⑤理解配方法,能用配方法、公式法、因式分解法解数字系数的一元二次方程(课程内容:第三学段内容)。⑥会用一元二次方程根的判别式判别方程是否有实数根和两个实数根是否相等(课程内容:第三学段内容)。⑦了解一元二次方程的根与系数的关系(课程内容:第三学段内容)。⑧能根据具体问题的实际意义,检验方程的解是否合理(课程内容:第三学段内容)。

将《课标》要求分解成章教学目标:①经历从具体的情境中抽象出一元二次方程的过程,进一步体会方程是刻画现实世界数量关系的有效模型,建立符号意识。②理解一元二次方程及其相关概念,理解配方法,能用配方法、公式法、因式分解法解数字系数的一元二次方程,并在解一元二次方程的过程中体会转化等数学思想。③经历估计一元二次方程解的过程,进一步培养估算的意识和能力,发展数感。④会用一元二次方程根的判别式判别方程是否有实数根和两个实数根是否相等。⑤了解一元二次方程的根与系数的关系。⑥能利用一元二次方程解决有关实际问题,体会数学与现实生活的紧密联系;能根据具体问题的实际意义,检验方程的解是否合理,进一步培养分析问题、解决问题的意识和能力。

第二步:将章教学目标分解成课时教学目标。

教学任务分析:用公式法求解一元二次方程,本质上是配方法的一般化和公式化。因此,本节课的教学任务可以分解为:进一步巩固上节课的配方法;在此基础上再进行一般规律的探究——推导求根公式;用公式法解一元二次方程。其中引导学生自主探索,正确推导出一元二次方程的求根公式,是本节课的重点,也是难点;正确熟练地使用一元二次方程的求根公式解方程,提高学生的综合运算能力是本节课的重点和难点。

学情分析:通过前几节课的学习,学生已经认识了一元二次方程的概念及其一般形式,并且已经能够熟练地将一元二次方程转化为一般形式;大部分学生能够利用配方法解一元二次方程,但仍有一部分学生不能够使用配方法解一元二次方程。另外,通过以前的学习,学生已经具备本节课所需要的推理技能、活动经验和逻辑思维能力。

根据教学任务分析和学情分析,确定本课时的教学目标:①经历探究一元二次方程求根公式的过程,发展推理能力,积累活动经验。②能正确、熟练地使用求根公式解一元二次方程,提高运算能力。③会用一元二次方程根的判别式判别方程是否有实数根和两个实数根是否相等。④进一步发展合作交流的团队意识和能力。

(三)课堂教学目标的表述

教学目标清晰、准确、全面、规范地表述出来,有利于发挥教学目标的导教、导学、导测作用。

1.教学目标具体化

设置质和量的具体规定性教学目标,可操作、可测量,便于实际教学时的把握和评价时的运用。如"提高……"灵活运用。培养学生的精神、态度等目标设置缺乏质和量的具体规定性,这样可操作性和可测性都很差,不便于实际教学时的把握和评价时的运用。正确的做法是:在"知识与技能"领域常采用结果性目标方式,即明确告诉学生数学学习的结果是什么?采用的行为动词一般较为明确,可测量、可评价。例如,"一元一次不等式(第一课时)"知识与技能目标:经历一元一次不等式概念的形成过程,会判断一个不等式是不是一元一次不等式,会解一元一次不等式。

再例如"锐角三角函数(第一课时)"知识与技能目标:探究当直角三角形的锐角固定时,它的对边与斜边(邻边与斜边、对边与邻边,邻边与对边)的比值都固定这一事实;会用锐角三角函数的概念进行一些简单计算。这样的教学目标非常明确,具有可操作性和可测性。

2.教学目标规范化

对教学目标的表述,美国心理学家马杰采用"ABCD法":A为行为主体、B为行为动词、C为行为条件、D为表现程度。

行为主体应该是学生,而不是教师。教师不能凭自己主观武断设定教学目标,而是要在充分解读学生的基础上,从学生已有的经验、认知结构出发,确保所设计的教学目标是学生想完成的(他们的需要)、能够完成的(他们的能力)、应该完成的(课标要求)。教学目标的完成者是学生,学生是教学目标的主体。以往我们习惯采用"使学生……""提高学生……""培养学生……"等方式都是不符合表述要求的。比如,"使学生学会用代入消元法解二元一次方程组",行为主体是老师而不是学生。现在正确的表述是"会用代入消元法解二元一次方程组",尽管行为主体"学生"两字没有出现,但是隐含的主体仍是学生。

行为动词要按照《课标》中给出的术语进行描述,即"了解、理解、掌握、运用"和"经历、体验、探索"或它们的同类词。

行为条件是指影响学生产生学习结果的特定的限制或范围。条件的表现有四种类型:一是关于使用手册与辅助手段,如"可以带计算器或查字典";二是提供信息或提示,如"参考例1的解题方法,完成……";三是时间限制,如"在6分钟内,完成……";四是完成行为的情景,如"在课堂上讨论,能……"

行为程度是指学生通过一段的学习后,所产生的行为变化的表现水准或学习水平,用以评价学生的学习表现或学习结果所达到的程度。如学生(行为主体)借助计算器(行为条件),探索(行为动词)方程的近似解(表现程度)。

3.教学目标全面化

以往教师在目标设置中较多地关注知识、技能的培养,缺少对数学思考、问题解决和情感领域的设计。随着新课程的改革,教师对《课标》的重视不断加强,理解不断加深,能够关注"数学思考、问题解决和情感态度"。

案例:"一元一次不等式(第一课时)"的教学目标。

知识与技能:经历一元一次不等式概念的形成过程,会判断一个不等式是不是一元一次不等式,会解一元一次不等式。

过程与方法:在概念的得出和探索一元一次不等式解法的过程中体会类比思想。

情感态度与价值观:在独立思考、参与讨论交流的活动中,体会参与的乐趣和成功的喜悦,养成独立思考、讨论交流的学习习惯。

案例:"锐角三角函数(第一课时)"的教学目标。

知识与技能:探究当直角三角形的锐角固定时,它的对边与斜边(邻边与斜边、对边与邻边,邻边与对边)的比值都固定这一事实;会用锐角三角函数的概念进行一些简单计算。

过程与方法:体验三角函数概念的形成过程,确信三角函数的合理性,体会特殊到一般的认识事物的方法和数形结合的思想。

情感态度价值观:在探索、分析、论证、总结获取新知识过程中体验成功的喜悦,体验探索、讨论、论证对学习数学的重要性。

4.教学目标层次化

学生均能达到教学目标,是教学的最佳理想状态,但客观实际是学生个体存在差异,不可能同时达到统一的目标。因此,要根据不同层次学生的需要,将课堂教学目标进行分解。一般分解出来三个层次,每个层次的目标都应该包括知识与技能、数学思考、问题解决、情感态度价值观。区别在于根据学生接受能力的差异确定不同的要求,从而保证不同程度的学生能得到全面协调的发展。

各层次的目标要与学生的学习水平差异相适应,准确地设在学生的"最近发展区",不同层次的学生根据自己的需要、能力,自主地选择相应的教学目标。这样不同层次的目标能够诱发不同层次学生的学习积极性,学生"各有所获"、获得"成就感",使教学目标在教学过程中真正起到了激励作用和导向作用。

5.教学目标表述格式

(1)三维目标分项表述

按照所有课程的"三维目标"作为一级分类进行表述。

案例:"数轴"一课的教学目标。

知识与技能:①理解数轴的概念,会用数轴上的点表示有理数;②理解数轴的点与有理数的对应关系,体会数形结合思想。

过程与方法:①通过对数轴概念的建立过程引导学生的思维活动,使学生在学习过程中,不仅学会知识,而且受到研究问题的思想方法训练,从而培养学生的思维能力,逐步发展学生独立解决问题的能力。②经历从实际问题中抽象出数学问题的过程,逐步渗透相互转化、数形结合的思想方法。

情感、态度与价值观:①让学生体会知识源于生活,并应用于生活的理念;②培养学生逐步形成独立思考、自主探索、动手实践、合作交流的学习方式。

(2)四个方面分项表述

按照数学课程目标"四个方面"作为一级分类进行表述。

案例:"绝对值"一课的教学目标:①知识技能。了解绝对值的表示方法,理解绝对值的概念,会求有理数的绝对值。②数学思考。经历绝对值概念的抽象与形成的过程、归纳绝对值的性质过程,体会数形相依和分类讨论的观点。③问题解决。经历将实际问题抽象为数学问题的过程,从几何、代数两个角度得到求一个数的绝对值的方法。④情感态度。通过归纳绝对值的性质的过程,获得数学活动的经验。

（3）综合表述

在理解"三维目标"和"四个方面"的基础上,将"三维目标"和"四个方面"融合在一起进行综合表述。

案例:"菱形的性质与判定"（第一课时）的教学目标:①经历菱形性质的探索、发现、猜想、证明的过程,进一步发展合情推理和演绎推理能力。②认识菱形,掌握菱形的性质。③能够用综合法证明菱形的性质定理。④进一步体会证明的必要性,以及计算与证明在解决问题中的作用。

（四）基于目标设计评价

教学目标确定之后,我们就需要思考如何评价或检验这些目标能否实现。因此,在备课中教师就要根据目标设计评价方案,判断学习目标中的各种既定学习目标达成的情况,进而进行预测、反馈和指导,促进教与学都能按照教学目标展开。

基于目标设计评价的两种顺序包括如下内容。

1.顺向教学设计

在以往的教学设计中,通常是教学目标确定之后,根据教学目标确定教学内容,根据教学内容选择教学方法,然后进行教学评价。即教学目标—教学活动—教学评价。

2.逆向教学设计

另一种教学设计是教学目标确定之后,根据教学目标,设计评价内容,然后设计教学活动,即教学目标—教学评价—教学活动。这一过程,教学目标、评价内容、教学活动是教学设计的三个组成部分,是一个整体,具有内在的一致性。教学目标是灵魂,评价是判断学习目标是否实现的手段,教学活动是落实学习目标的载体。

逆向教学设计实质是先于教学活动设计教学评价,以教学目标的达成为核心的教学设计,先于教学活动设计教学评价更能体现有效教学。评价先于教学活动设计,要求教师带着评价内容思考教学活动,增加教学活动的针对性,提高课堂的教学效果。

根据教学目标设计目标样题,然后再根据目标样题设计教学活动。

二、数学教学评价

我们都知道,课堂教学是学校教育教学的主要渠道,学生知识的获得、能力的形成、思想修养的完善主要是在课堂教学中完成的。可以说,课堂教学质量的优劣直接关系到学生的素质和学校教育教学水平。在新课程理念下,教师的教学方式和学生的学习方式已经发生了很大的变化,教师只有对新课程课堂教学评价的理念、内容、方式方法有深入的认识,有效地发挥评价的导向、激励、调控、发展功能,才能真正提高自身的专业素质。

（一）数学课堂教学评价的理念

评价是依据一定的标准和相应的方式方法判断对象价值的活动。"标准"是理念,即价值观的集中体现,方式方法由"标准"的内容决定,关系到执行"标准"的质量。课堂教学评价主要立足于课堂,是以教师的课堂教学行为,以及学生的课堂学习行为为研究对象,依据一定的方法和标准对课堂教学的过程和学生学习的效果做出的客观衡量和价值判断,它对加强教学管理、检测教学质量、总结教学经验起着重要作用。

当前评价的依据主要是新课程理念,教师的教学思想影响着其教学方案的设计与实施,然而教学思想也影响着教学评价并由此指导着课堂教学。所以,我们应该明确新形势下课堂教学评价的指导思想是什么。《课标》指出："数学教学是数学活动的教学,是师生之间、学生之间交往互动与共同发展的过程。"将课程标准中所应体现的新的教学理念、新的教学策略转化为教师的教学行为,转化为实际的教学效果,使学生"获得知识,形成技能,发展思维,学会学习,促使学生在教师的指导下生动活泼地、主动地、富有个性地学习",这是课程标准给我们提出的教学建议。因此,从这个角度看,数学新课程课堂教学最大的特点是以学生的发展为中心,所以,数学课堂教学评价的理念应是以学生的"学"评价教师的"教",评价的目的应是全面了解学生的数学学习历程、激励学生的学习和改进教师的教学,以及有效地促进学生的发展、教师的发展和改进教学实践;既要关注学生学习的结果也要关注学生学习的过程,更要重视学生在数学活动中所表现出来的情感与态度,帮助学生认识自我、建立信心。

为此,需要在课堂教学的评价中。突出以下三方面的评价标准。

第一。面向全体学生。这是提高全民族素质的要求,使未来社会的公民能适应社会发展的需要。为此,一要把握教学目标,正确处理基础和发展的关系,使学生的数学基础能力普遍提高;二要实施因材施教,让每一个学生学习更好的但有区别的数学,使不同学生的各种数学需要得到充分满足;三要保证学生参与学习的时空,使每一个学生都有必需的学习机会和学习时间。

第二,促进学生的全面发展。在数学课堂上,要使学生在知识、能力、情感几方面都获得发展。知识——要给每个学生提供基本的数学概念、数学方法和数学思想。能力——要提高学生数学抽象的能力、数学符号变换的能力和数学应用的能力,使学生的数学基础能力得到普遍提高。情感——要让每个学生在自身的情感体验中主动参与学习,增强学生的自信心。

第三,提高自主学习能力和自我发展能力。教育的根本目的就是促使学生的发展。学生的发展在很大程度上取决于主体意识的形成和主体参与能力的培养。为此,一要从学生实际出发,使学生学习数学是一个连续不断地同化新知识、构建新意义的过程;二要让学生自主学习,注重学生学习自行获取数学知识的方法,学生主动参与数学实践的本领,通过自身的操作活动和主动参与的做法去学习数学;三要注重学生的个性发展,培养学生的创造能力。

(二)数学课堂教学评价的内容

在评价数学课堂教学时,应始终贯穿教师教的思想和学生学的活动这两条主线。课堂教学评价涉及多方面的内容,一般包括教学目标、教材的处理、教学方法和手段、教学过程、教学效果等。只有从多方面入手考查,才能对课堂教学做出较为全面的分析和评价。

1.评价教学目标

教学目标是统领性的,是教学的出发点和归宿,所以课堂教学评价必须关注教师预定的目标及其完成情况。

(1)目标的制定

教学目标的制定要突出全面、具体、适宜。全面体现在教师应根据数学课程标准确立的由"知识与技能""过程与方法""情感、态度与价值观"等三个维度构成的课程目标,理解总目标,把握各阶段目标;针对教学内容和学生的实际情况,具体制定每节课的教学目标。目标制定具体体现在表述应清晰、具体,显性描述知识技能的教学要求,切实提出主要的过程经历,列出伴随过程而进行的方法掌握、能力培养、数学思想的渗透、情感态度教育等方面的要求;在考虑形成学生数学基本能力的同时,还要发展学生的探究能力、交流沟通能力、应用能力、批判反思能力和创新能力。所提出的教学目标要求,应符合学生的认知发展水平、心理特征和年龄实际,难易适度,体现先进的教学理念,并具有年段、年级、单元教材的针对性、层次性和可操作性等特点。

(2)目标的达成

教学目标的达成要看教学目标是不是明确地体现在每一个教学环节中,教学手段是否紧密地围绕目标,为实现目标服务;要看重点知识、技能、方法是否在课堂上得到巩固和强化,学生对知识的理解掌握是否达到了目标所提出的要求,等等。

案例:"探究三角形全等的条件(2)"。

本节提出了如下教学目标:①探究具有三个对应相等条件时三角形全等的可能性,并初步掌握三角形全等的判定公理 ASA 和判定定理 AAS。②通过学生动手操作、观察实验、探索交流、分析归纳等活动,体会数学结论的获得过程,积累数学活动的经验。③体会分类讨论的数学思想、转化的数学思想,以及由特殊到一般的思维方法在数学中的应用。④使学生在自主探索三角形全等的过程中,经历画图、动手操作、观察、比较、推理、交流等环节,从而获得正确的学习方式和良好的情感体验。

从制定和达成看,这节课的教学目标呈现如下特点。①目标指明了学生通过对公理、定理的学习,应经历的具体过程和要达到的认知水平。课堂实施中,先是通过操作实验引导学生经历画图、动手操作、观察、交流、验证的过程探求 ASA 公理,继而通过比较和推理等方法认识 AAS 定理。这样的安排让学生充分参与数学活动,并体会获得数学结论的过程。②目标对于知识学习的水平确定为探究性理解,具体要求是初步掌握三角形全等的判定公理 ASA 和判定定理 AAS。③目标明确了伴随学习过程学生在数学基本能力的提高、数学思想方法的领悟、情感态度的发展等方面的具体表现。课堂实施中,通过对满足三个条件四类六种情况的分组讨论,使学生体会分类讨论的数学思想,通过对具有三个特定条件的三角形画图实践,以及几何画板的演示,使学生认识由特殊到一般的思维方法在数学中的应用。

可以看到,这节课学生应理解什么、掌握什么、学会什么,教师是心中有数的,对难点、重点、关键点了如指掌,教学思路、教学环节了然于胸。课堂上我们看到,整节课都围绕教学目标的设计而进行安排,教师引导学生由感性认识上升到理性认识,水到渠成地得出公理和定理,较好地达成教学目标。

2.评价教学内容

教学目标决定着教学内容,教学内容决定着教学方法,三者是相辅相成的。在评价教学内容时要注意以下几点:第一,教学内容的选择是否得当,它是否与教学目标相一致。第二,教师教学的知识内容是否正确。第三,教师不只是关注知识点,而且对学生的情感、态度与价值观,以及能力等诸多方面也予以考虑。第四,教师是否从学生的知识结构等出发对教材内容做了必要的加工,如提出新观点、新主张,重新解读教材,或对教材内容进行二次创作,激发学生的学习兴趣等。第五,教师是否把传统的教材当作唯一的学习材料,是否充分考虑到学生已有的生活经验,整合学生已有的知识建构和各种能力结构,将学科教学内容引入更广阔的空间。评价时评价者需要理顺教材中的理论,归纳出教材的知识点,并使之系统化、条理化;不仅要自己理解教材中蕴含的思想和理念,更要从课堂中去解读授课者本人对于教材的理解,是对教师理解的再理解。第六,教师在一节课里的教学内容是否适量。当教学内容过少时,学生处于知识接受的"饥饿"状态,这不仅造成时间浪费和学生的"营养不良",还会滋长学生的惰性;反之,当教学内容过多时,学生会精力不够、囫囵吞枣,造成"消化不良",滋生逆反心理。所以,从量的多少可以分析出课堂教学目标是否科学适度、教学目标的总量和教学进度是否合理,教学方法是否适合学生现有程度及接受能力等,总体上追求教学内容的适度平衡。

随着新课改的全面推行,教材进行了相当大的改进。改进后的教材,不仅将学生的素质教育置于更重要的位置,而且注入了合乎时代要求的新内容、新信息,加强了教材的可读性和教育性。因此,教师必须认识到,教学内容和教材内容并不等值对应,教学内容来自师生对课程的要求、教材内容和教学实际的综合加工。在教学内容的组织和处理上,教师要准确地把握教学重点、难点和关键点,重视数学思想方法的培养;同时,要注意本学科与其他领域的联系,重视数学的应用。

新课程倡导自主、探索、合作与交流的学习方式。数学教学过程是学生主动体验、积极参与和探究的过程,学生通过数学活动,加深对数学知识的理解,发展思维能力。基于以上思考,为了更主动地引进实验观察、猜想与探究的活动内容,拓展学生思维的广度和深度,创设学生自主探索、合作交流,积极思考和操作实验等数学活动的时空,教师对相应教学内容处理的思路是:借助旋转、动点和图形变换等手段对基本图形进行变换,通过探讨图形在运动过程中基本量及其关系的变与不变,探究动态型问题的规律。

3.评价教学方法和手段

俗语说:"教学有法,教无定法,重在得法,贵在用法。"所以,教学方法并无好坏之分,关键是看其是否有利于学生积极性的调动、是否有利于学生能力的开发和发展、是否有助于优化教学效果。虽然教法的选择服从于教学的目标,但是不同的教师、不同的教学内容和不同的学生所适用的教学方法是不同的。教师在课堂教学中应会根据实际情况,运用多种教学方法。所以,在教学方法的评价上应注意以下几点。

第一,要考虑教师的教学方法组合是否恰当,是否切合教学内容和教学目标。

第二,教师组合教学方法时是否符合下列原则:①以发展学生智能为出发点;②教学与学法的有机结合;③智力活动与情感活动互相配合;④取长补短,优化组合。

第三,教学方法中是否有学生积极参与的成分,是否注意到了多种不同方法的运用。

第四,教学方法有无独特之处,是否注意到了非智力因素(性格、情感、兴趣等)的培养。教师要根据教材的内容和学生的认知水平,以指导学生掌握知识和学习方法为目的,选择恰当的教学方法和教学手段,调动学生思维的积极性和主动性激发学生学习的兴趣。

第五,教师是否采用了一些适应新教材特点的课堂教学方法,对于教材的运用是否体现出以启发、说理、讨论、实践为主体的新教法。

《课标》中对于推理与论证的学习要求:在探索图形性质、与他人合作交流等活动过程中,发展合情推理,进一步学习有条理地思考与表述。

案例:"平行四边形的性质"。

本节课的教学方法就很好地注意了这个学习要求。

本节课的教学内容是平行四边形的三个性质,教学对象是初二年级的学生。由于学生前面已经学习了三角形的有关知识,初步具备了几何逻辑推理的能力,了解了一些几何图形性质的研究方法,如从边、角研究三角形的性质。但是,在探索平行四边形的三个性质时,学生选取适合的学具、方法进行正确的逻辑验证是关键,这对学生来说有一定困难。为此,本节课选择了教师引导发现、学生实验操作及小组合作探究相结合的组合式教学方法,注重使学生经历观察、操作、推理等探索过程,使学生通过大量的感性认识以及多种感官的参与后得出结论,符合学生的实际情况。实验操作与小组合作的方法很好地调动了学生主动学习的积极性,所以教学方法的选择是恰当的、实用的、有效的。

具体操作:在学生分小组探究平行四边形的性质之前,提出明确的活动要求。先要求学生观察平行四边形,选用学具材料,采用度量、叠合、裁剪、拼图或其他可行的方法说明结论的正确性,把结论写在实验记录表上,并思考使结论正确的数学依据。

给小组足够的时间进行探究,让学生充分参与到活动中,教师以合作者的身份深入各小组中,了解学生的探究过程并适当予以指导。

在学生充分活动的基础上,组织学生展示活动成果,相互补充,教师引导学生将探究出的结论按照边、角、对角线进行归类梳理,使知识的呈现具有条理性,并引导学生尝试用规范的数学语言对结论进行表述,提高学生的语言表达能力;同时,对学生得到三个性质以外的性质(如邻角互补等)加以肯定和鼓励,进一步激发学生学习和探究的热情。对于学生得到的不恰当的性质(如对角线平分一组内角等),肯定探索的热情和发言的勇气,及时进行纠正。

设计小组合作的探究形式,不但从多个角度丰富了学生解决问题的策略,完善了学生对平行四边形性质的认识,更为重要的是,在这一过程中让学生体悟到学习方式的转变,满足学生的多样化学习需求,并逐步提高与人合作交流的能力。

小组合作探究性质的活动要求如下:①观察平行四边形,猜测平行四边形在边、角、对角线上有哪些结论;②适当选用学具材料,采用度量、折叠、裁剪、拼图等方法说明结论的正确性;③结论写在实验记录表上。

4.评价教学过程

教学是按照一定的序列展开的,有着这样或那样的步骤,表现为若干个不同的环节。鉴于初中学生的心理特点及课堂教学的一般规律,初中数学课堂教学过程的环节可按复习铺垫—情境引人—探求新知—落实巩固课堂小结的程序进行。

评价时首要考虑的是,一堂课的教学过程的结构安排是否合理。具体操作上通常关注三点:第一,要分析课堂教学安排的具体环节。各个环节所占的时间比例有多大,长短是否合适? 第二,要分析每一个教学目标完成的情况。考查重点、难点的教学与教学高潮的呈现是否一致,学生是否充分发挥了主体作用,真正成为学习的主人? 第三,各教学环节之间的过渡是否自然,整个教学过程结构是否流畅。

下面就谈谈这五个课堂教学环节的具体评价。

(1)复习铺垫

学生对知识的接受和转化总是建立在一日知识的基础上。复习一日知识的目的在于对已学知识掌握的情况进行信息反馈,具有控制、调节教学活动,加强新旧知识的联系,激发学生求知欲的积极作用。教师要善于从与新知识相关联的旧知识中选择新知识的生长点,抓住新旧知识的连接点,提出启发性、思考性强的问题,使学生感到"心求通而未达,口欲言而未能",从而激发学生尝试和探求新知识的欲望和兴趣。

(2)情境引入

《课标》指出学生的数学学习内容应当是现实的、有意义的。新教材同时给我们提供了丰富多彩的现实情境。在实际教学中,有许多教材提供的引入材料可直接使用,但也有一些用起来不切合本校学生实际,在教学过程中应灵活处理,开发更好的情境材料。在情境引入中既要考虑学生的现实背景和知识背景,又要符合他们的接受能力和兴奋度,采取的形式又要多样化,这样才能使每节课的开端收到一个良好效果。因此,评价情境引入主要可以围绕以下三点:①是否为本节课的学习内容提供了适合的生长点;②是否激发了学生的求知欲;③是否起到承上启下的作用,消除了学生对知识的陌生感。

案例:"平移变换"一节的引入环节。

充分利用先进的现代教学手段,搜集更多、更丰富的现实材料(以电梯、推拉的窗等作为教学情境引入),会在提高学生学习数学知识的兴趣的基础上激发学生的求知欲。用学生身边的实例来引入,不仅引起了学生的关注,还启发学生举出了运动会跑步、升旗等与平移有关的实例,让学生感到数学就在身边。

当然,任何形式的情境引入都应该落实到具体的教学中,在许多承接较严密的学习中还可采用复习、回忆引入的方法,效果亦佳。

(3)探求新知

数学教学是数学活动的教学。数学学习不是单纯的知识接受,而应当是一个生动活泼的、主动的和富有个性的过程。从这个角度看,动手实践、自主探索与合作交流也是学习数学新知识的重要方式,因此,现实的和探索性的数学学习活动是探求数学新知的有机组成部分。教学中,教师要从学生的生活经验和已有的知识背景出发,向他们提供充分地从事数学活动和交流的机会,促使他们在自主探索的过程中真正理解和掌握基本的数学知识和技能、数学思想和方法,同时获得广泛的数学活动经验。因此,评价新知学习中的数学活动主要可以围绕以下四点进行。

第一,课堂教学活动的知识载体选择是否恰当,活动内容是否具有研究价值、是否有效地引发学生的数学思考。根据7~9年级学段的知识体系,不同版本的教材在教学内容的编排顺序上是有一定差别的,但是对于具体知识的呈现都体现出研究性的特征。教材中大多设置了丰富多彩的栏目,如华东师大版初中数学教材中设置了"阅读材料""你知道吗""试一试""想一想""读一读""做一做""思考"等栏目。以这些栏目为"路标",教师可以给学生创设多样化的学习活动,引导学生充分参与课堂教学。

第二,课堂教学活动是否能激发学生的兴趣,给学生创设广阔的参与空间,使学生有足够的时间和空间经历观察、实验、猜测、计算、推理、验证等活动过程。

第三,课堂教学活动中,教师的讲解是否具有启发性,教师的点拨是否具有针对性,教师的组织是否具有有序性。

第四,课堂教学活动是否对引导学生联想拓展、变化、延伸、总结反思和提炼规律起到促进作用。

(4)落实巩固

课堂巩固练习是教学活动的重要环节,在进行一段相对独立的教学活动之后给学生布置适当数量的练习,既能起到巩固知识、发展学生思维能力的作用,又能了解学生学习的状况。在一定意义上说,练习不仅是对学生学习的要求,也是对学生学习状况的评估手段。在评价课堂练习时主要应该关注以下几方面。

课堂练习的题目内容是否具有针对性。由于课堂练习伴随教学活动进行,其主要目的是检测学生对基础知识的理解、消化和应用情况,因此,教师要根据教学目标、教学重点、难度、易混淆的知识点设计有针对性的练习题,面面俱到会使学生抓不到重点,也起不到强化新知识的作用。

课堂练习的题目数量、难度是否适度。由于课堂上给予学生静心思索的时间有限,要能够在较短时间内既达到巩固所学知识的目的,又不能让学生感到负担过重,课堂练习题目的数量要控制在能使学生当堂理解、消化所学内容。同样,课堂练习的难度也要适中,难度大了,会使学生产生畏难情绪,降低学习的积极性;难度小了,会使学生产生放松心态,感到没有挑战性。

课堂练习的题目是否具有思维训练点。应寓思维训练于课堂练习的全过程,着重培养学生多方面、多角度、多途径地寻求答案,使学生的思维品质和创造性思维能力得到培养和发展。比如,设计一题多解的题目,使学生从多角度理解问题,使他们积极探讨各种解题方法,并对比这些方法的优劣,学会选择最优的方法解决问题。

(5)课堂小结

课堂小结是任何类型的课堂教学都必不可少的组成部分。每一节课结束时,教师都需要对教学内容、思想方法等进行归纳总结、概括提升、拓展延伸,以增强教学内容的系统性,使学生所学知识形成系统,并使学生对知识的理解向更高一层级转化、升华。当然,在这个环节中,也可通过设置疑问、留下悬念来激发学生的学习兴趣和求知欲望,启发学生思考。

5.评价教学效果

新的教学理念主要是以学生发展为本,在价值观上一切为了学生,在伦理观上高度尊重学生,在行为观上充分依靠学生,因此,课堂教学效果的评价主要是对学生课堂学习过程的评价,显现在课堂教学的主体——学生身上,主要考查学生在课堂上的三种学习状态,即学生的参与状态、学生的交流状态、学生的达成状态。

(1)评价学生参与状态

好的课堂应该有思维的碰撞,有争论,有遇到困难的迷茫,有顿悟后的豁然开朗,等等。这就需要教师努力创设课堂情境,激发学生的学习兴趣,使课堂上人人参与、个个活跃,让各层次的学生都能积极地参与到课堂教学的每一个环节中来,并在参与的过程中体验学习的快乐、获得心智的发展。

看多样性:学生参与教学活动的形式是否多样,如师生谈话、合作交流、动手实践、自主探究等。

看广泛性:学生是否很投入地参与数学教学的全过程,每一位学生是否都有参与教学活动的机会。

看深刻性:学生在参与教学活动中是否进行深层次的思考和交流。

(2)评价学生的交流状态

能运用所学的知识发现、提出并解决日常生活中的数学问题,能和同伴解决问题并表达解决问题的过程,是《课标》在"解决问题"目标中提出的要求。好的课堂教学,一要看课堂上是否有多边、丰富、多样的信息交流与反馈,即能构建师生、生生和媒体之间的信息交流的立体结构;二要看课堂上是否有良好、有效的人际交往与合作的氛围,学生是否愿意互相交往,能否与人合作,是否懂得尊重别人、取长补短。

(3)评价学生的达成状态

由于新教材既要求帮助学生掌握知识,又要求促进学生的发展,因此,考查一堂课是否达到预期的教学目标,既要看知识效率——"双基"的达成情况,又要看能力效率——学生素质提升的情况。传统的课堂教学评价往往只看知识目标的达成情况,忽视学生素质提升的情况。有些教师不认同新教材的课堂教学方式,就是还没有从仅关注知识目标的思维定式中跳出来。当然,我们也不能走极端,盲目追求所谓的素质提升而忽视知识目标。

在课堂评价中对学生学习目标的达成,主要关注以下几个方面:第一,学生能否切实掌握基本知识和基本技能,应用所获知识解决实际问题,并将这些新知识纳入自身原有的知识体系中融会贯通。第二,学生是否能独立思考,掌握学法,大胆实践,并能自评、自检和自改。第三,学生是否多向观察,善于质疑,变式思维,举一反三,灵活实践。第四,学生能否把经过猜想、探索发现的结论作为新的思维素材,去努力探索,再去进行新的发现。

评价的目的是全面了解学生的数学学习历程,激励学生的学习和改进教师的教学;评价目标多元,方法多样。对数学学习的评价要关注学生学习的结果,更要关注他们的学习过程;要关注学生学习的水平,更要关注他们在数学活动中所表现出来的情感与态度,帮助学生认识自我、建立信心。

6.数学课堂教学评价的基本要领

(1)评价方法要科学

尽管受地区、年级、目的等因素的影响,数学课堂评价很难有一个通用的标准,但是评价作为一种质量分析,其衡量标准所涉及的基本因素还是比较相通的。常用的方法有以下几种:①整体入手、综合分析法:首先从整体看教学过程是怎样安排的,有几个大的教学步骤;其次由整体到部分,逐步分析各个教学步骤;最后从部分到整体,将各个教学步骤理出的内容汇总起来。②化整为零,单项分析法:评价一节课也可以针对自己观察体会最深、感触最大、认识最明显的内容着手,选择一个或几个突出的角度进行评价。这种方法由于关注的是具体环节,因此,更注重细节上的评价与分析。③寻找特点、特色分析法:主要是针对教师的教学特点和教学风格进行评价,可能是他教学成功的闪光点,也可能是他教学区别于别人的创新之处,还有可能是他教学失败或有待改进的地方。因此,作为评价者必须善于观察,善于发现特点、捕捉特点、总结特点,才能使自己的评价客观并具有说服力。

(2)评价形式要多样

评价的形式一般有以下几种:①自评。上课教师可以进行自评,谈谈本节课的教学设计思路,有哪些是自己比较满意的,有哪些是比较遗憾的,可以达到自我反思的作用。②师评。上课教师谈谈对教材的认识和选择教学方法的依据,然后,评价的教师根据自己听课的情况,以及授课教师的介绍,发表各自的看法,进行充分的讨论交流。最后,参与评价的教师要能切切实实地归纳出几条值得借鉴的成功经验,使参与听课的教师有所收获,同时也要指出突出问题和改进建议,以便授课教师进行有针对性的教学调整。在组织形式上可以采用问答谈话的方式,也可以分为一些小组进行讨论,以便更多的教师进行思考和充分的交流。③生评。为了及时把握反馈信息,增强学生的主动性意识,体现教学民主,也可以直接听取一些学生的意见和建议,由学生结合自己的学习对教师的讲解发表自己的看法,重点关注的是学生的真实感受。

(3)评价内容要到位

评价要本着实事求是的态度,以科学理论为依据,用事实说话,不带任何偏见,恰如其分地进行评价。这就要求在评价时,应该以事实为依据,要在收集好评价证据的基础上进行评价。怎样收集评价证据?第一,动眼多观察:学生和教师做出了什么行为?第二,运用"放大镜"多展示过程:学生和教师怎样去做所应做的事?第三,动耳多倾听:学生和教师讲了些什么?第四,动笔多统计:教师所做事的次数有多少?第五,动表多计时:教师在不同活动上花的时间有多长?好的评价,既能对课堂教学的成败得失及其原因进行切实中肯的分析,又能从教育理论的高度对一些现象做出正确的解释。

随着新课改的不断深化,课堂教学评价一定会起到更重要的作用,也一定会引起更多教育同行们的高度重视。

第三章 初中数学教学策略

第一节 精讲精练

"精讲多练"是针对"一言堂"提出的教学策略。但我们对它的理解存在误区,有人甚至认为"精讲"就是少讲或不讲。于是有的教师在课堂上不敢开口讲,甚至到了谈"讲"色变的程度,生怕被戴上"灌输"的帽子。更有甚者,有的地方还规定课堂上教师只能讲10分钟。在数学教学中,有一种常见的错误认识:认为"接受学习"一定是机械的,"发现学习"一定是有意义的。因此,讲授法往往被当成数学教学的一个失败方法而被批判,而发现式教学被当成一种先进的方法而被广泛宣传。其实,发现学习未必一定是有意义的,接受学习也完全可以是有意义的。发现学习和接受学习在课堂中不能截然分开,在接受中有探究,在探究中有接受。发展学生的数学核心素养对教师的"讲"提出了更高的要求:对每一个知识点,必须给学生讲清楚为什么要学、学什么、怎么学。[①]"练"并不是越多越好,"练"是为了巩固和深化对"讲"的理解。"练"的重点是理解数学的本质、掌握数学思想,"练"要有助于对数学活动经验的积累和数学思维方法的感悟。因此,初中数学教学还是要以教师讲授为主,提倡"多讲精练"。

一、讲整体结构

作为初中数学教师,应该对整个初中阶段的数学知识、技能和思想方法有一个整体把握,对知识之间的逻辑关系、每个知识在整体中的地位和作用、每个知识螺旋上升的通道有一张系统网络。

(一)重视"章头图"教学

章头图教学能够帮助学生构建良好的数学认知结构、掌握基本思想方

---

① 秦积翠,万鑫娟,张雅楠等. 教师专业发展研究[J]. 教育与教学研究,2019,33(06):89-129.

法、感受数学应用的广泛性。教师要善于利用"章头图"建构框架,帮助学生形成知识结构。教师在正式讲授知识前,应利用"章头图"引导学生联想本章的学习内容与方法。

(二)重视章后"小结"教学

利用"小结",加深对数学知识的理解。

例如,利用小结的"要点",可以深化学生对有理数本质的理解和数系扩展规律的认识。(参见华东师大2012年版初中数学教材七年级上册)其要点包括如下内容。

本节将数集扩充到有理数,并将数的大小比较和运算推广到有理数,建立它们新的意义和法则,这是一个从实际经验到数学抽象的过程。例如,从零上和零下温度的表示抽象出负数,从比较温度高低认识有理数的大小比较,从温度计表示温度的启发引出数轴的概念,并概括出大小比较的法则等。

用数轴上的点表示有理数,有利于直观地理解相反数和绝对值的概念,也可以帮助我们认识有理数的大小比较和运算,使数和形很好地结合起来。

在研究有理数时,一般要考虑两个方面:一是数的符号,即是正数、负数还是零;二是数的绝对值,除了考虑符号外,有理数的运算(或大小比较)往往都归结为绝对值的运算(或大小比较),注意到绝对值是非负数,所以也就归结为我们熟知的非负数来实现这样的"化归"思想,这在数学研究中是屡见不鲜的。

有理数的本质是可以写成整数之商(之比)的数,认识到这个本质对理解相关的问题和将来进一步扩充数集都是至关重要的。例如,在以后的数学学习中,我们将会看到,实践中还存在着不能表示成两个整数之商的数,于是就需要进一步扩充数集。

数集的扩充带来了新的变化,例如减法,在引进负数之前,被减数不能小于减数,而在有理数集中,任意两个有理数总能进行减法运算,而且减法可以转化为加法。但是,新的数集保持了原有数集的一些重要性质,特别是数的运算律仍然成立,这一通性在数学的进一步研究中将起着关键作用。

同时,利用"小结",还可以进行梳理知识结构,绘制知识结构图等。利用"小结",提炼数学思想方法,可以帮助学生提炼"转化"数学的思想方法。

二、讲研究策略

教师要从"研究一个数学对象"的角度思考和设计教学过程,在研究对象的抽象、研究内容的确定、研究思路的构建、研究方法的引导等方面整体规划教学思路,帮助学生迁移相似问题的研究策略。

案例1:幂的运算。

要让学生明确如下问题:为什么要学习整式的运算? 整式的运算有哪些? 学习了整式的加减后,接下来应该学习整式的什么运算? 为什么? 要引导学生明确代数概念的研究结构:现实背景引入→定义→表示→分类→性质→运算。

整式的乘法有哪些类型? 先学什么类型的整式乘法? 为什么? 整式包括单项式和多项式,因此,整式的乘法类型包括:单项式×单项式,单项式×多项式,多项式×多项式。按照先易后难的原则,先学单项式×单项式,而其关键是相同字母的幂的运算。

三、讲形成过程

数学概念教学通常分为引入、建立、巩固和运用等四个阶段。教师往往在概念的引入和建立阶段匆匆忙忙,而在概念的巩固和运用阶段扎扎实实,快速教学相关概念、原理等新知内容后就进行大量机械重复训练或题型归类训练,甚至不惜加大训练难度,这是一个误区。在四个阶段中,就对概念的理解而言,引入和建立阶段更重要,巩固和运用也是为了帮助学生更好地理解概念。我们应该重视知识的产生过程,拉长概念引入和建立的思维链条,让学生的思维参与更深入。

案例2:平均数。

教学目标:①理解"权"及"加权平均数"的意义,掌握加权平均数的计算公式。②能利用加权平均数解决现实情境下的问题。③经历情境探求过程,感悟提出"加权平均数"的概念的必要性及"加权平均数"与"算术平均数"的联系与区别。

教学重点:让学生经历解决问题的过程,深化对"权"的各种形式的认识及对"加权平均数"的本质的认识,让学生学会分析数据,作出决策,感受到统计与生活的联系。

教学过程:创设情境,建构概念。

问题:老师根据学生的期中考试成绩和期末考试成绩计算学期总评成绩,小明同学期中考60分,期末考90分(百分制)。①你能算出他的平均成绩吗? 追问:如何计算n个数的算术平均数? ②若以这个算术平均数作为学期总评成绩,你认为合理吗? 追问1:为什么不合理? 追问2:期末考试是一个学期的综合考查,如何体现期末考试的重要性? ③你是怎样算的? 为什么这样算? ④在这个问题中,3和7(举例)有什么用? 追问1:什么是"权"? 什么是"加权平均数"? 追问2:还有哪些也是权? ⑤如何把这种加权平均数的计算方法推广到一般情况? ⑥期中考试和期末考试的分数不变,为何得到不同的总评成绩?

四、讲思维方法

数学教学的根本目的是教会学生思考。在数学教学中,一方面,教师要毫无保留地给学生展示自己的思维过程,让学生从中学习思考问题的方法;另一方面,尽可能在各教学环节展现数学知识发生过程的思维活动,让学生在数学学习中经历过程,体验过程,从而提高思维品质。

让学生经历数学概念的形成过程;让学生经历数学定理的发现过程;让学生经历数学规律的探索过程;让学生经历数学思想方法的感悟过程,让学生经历"化归"思想方法的感悟过程。

五、练"一题多解"和"一题多变"

俗话说"熟能生巧",于是许多人认为要学好数学就是要多做题。多做题固然可以提高考试成绩,但并不一定能加深对数学知识的理解。相反,大量操练还可能使学生对数学产生厌恶情绪。盲目做题,事倍功半,学习效率低下。为了提高学习效率,深化学生对数学的理解,提高解决问题的能力,教师要善于从书本例题和习题出发,运用一题多解和一题多变进行教学。解决数学问题的基本思路是把没有解决的问题转化为已经解决的问题,复杂的问题转化为简单的问题。一题多解就是从不同的方位、不同的角度去审视分析问题,是一种发散思维。而一题多变则是从已知问题出发,通过发散思维,不断变式,得到新问题,它是创造性思维的体现,通过题设、结论的变化及引申新问题让学生对知识的理解更深刻。"一题多变和一题多解"可以提高学生的数学学习效率。一道数学题,因为思考问题的角度不同而得到多种解题思路,广泛寻求多种解法,有助于拓宽解题思路,发展学生的思维能力,提高学生分析问题的能力。一题多变,对一道数学题进行联想、类比、推广,可以得到一系列新的题目,甚至得到更多的结论。对多种变式题进行求解,有助于培养学生的发散思维,增强学生面对新问题敢于联想、敢于创新的意识。

第二节 减负增效

"减负"是每年开学季各地固定的话题,但至今未见成效。尽管有些地方"动真格",关了不少培训公司,但效果依然不理想。一味盯着"消费侧",恐难有效果。我们应该换一个角度,把力使在"供给侧",思考应该给学生什么样的"负"? 因为我们最终的目的是要"增效",不是随便把"负"减掉就能"增效"的。"负"有"增效"和"减效"之分,我们要减掉的是"减效"之"负"。同时我们应该增加"增效"之"负"。数学教育应如何"减负增效"?

一、树立正确的数学教育观

树立正确的数学教育观是"减负增效"的基础。数学教育的发展始终存在一对矛盾:数学教育的数学方面和数学教育的教育方面。[①]20世纪五六十年代的"新数运动"和20世纪70年代的"回到基础",都是过分强调数学教育的数学方面;20世纪80年代的"问题解决"、20世纪90年代的"建构主义"和21世纪的"以人为本"都是过分强调数学教育的教育方面。我们应该在这两者之间找到平衡点,而不是在这两者之间摇摆。

一方面,我们要继承和发扬重视"双基"的优良传统,继续遵循如下行之有效的教学策略,增"双基"之效。问题引入,问题驱动,情景创设;启发式。以教师为主导,以学生为主体;师生互动。师生问答,教师板演,巩固反思,精讲多练,变式练习;小步走、小转弯、小坡度新授课;大容量、快节

---

①朱彩兰,张红锋,赵洁. 高素质技能型人才数学教育观之我见[J]. 高等继续教育学报,2020,33(02):15-19.

奏、高密度复习课。

另一方面,又要处理好知识与能力、基础与发展的关系,增"终身发展"之效。知识不是最终目标,知识只是载体,在给学生传授知识的过程中,应使学生获得终身受用的素养。努力落实"四基",追求数学教育效益最大化。例如,在进行"一元一次方程"的教学时,"四基"呈现顺序为基础知识的掌握;练习获得基本技能;通过反思获得基本思想方法;在整个学习过程中,收获基本数学经验。其中,"四基"要素分别为以下内容。

基础知识:一元一次方程的概念。

基本技能:解一元一次方程。

基本思想方法:化归方法;未知到已知的转换;变化中的"不变"思想(同解);方程解法与算术解法的区别。

基本活动经验(提升到方程是一种关系):方程是为了求未知数,在已知数和未知数之间建立的一种关系。解方程就是通过关系找出未知数。这样一来,如何寻求未知数(解方程)的数学活动经验,就自然地获得了。

与此同时,我们应该由积极推进改革转向对于改革的总结和反思,包括采取各种措施,纠正在课改中所出现的各种问题与弊端。

二、减掉繁、难、偏、旧的内容,切忌深挖

例1,已知 $\dfrac{x+3}{x+2}=\dfrac{1}{\sqrt{3}+\sqrt{2}+1}$,求 $\dfrac{x-3}{2x+4}\div(\dfrac{5}{x-2}-x-2)$ 的值。

本题所涉及的计算步骤、复杂程度均超过《义务教育数学课程标准(2011年版)》。

例2,初中教材为什么不放入十字相乘法?尽管许多一线教师强烈要求将十字相乘法放入课标,但在《义务教育数学课程标准(2011版)》中仍未作要求。十字相乘法是一个技巧性很强的方法,不放入课标是恰当的。由于二次项系数与常数项分解的因数有多种情况,所以,运用十字相乘法把二次三项式分解因式时,往往要经过多次尝试,才能确定能否分解与怎样分解。

之所以许多一线教师强烈要求将十字相乘法放入课标,乃是我国数学教学历来强调技巧性训练使然。

十字相乘法是因式分解的方法之一,它并不是通法,因为一个二次三项式能否用十字相乘法进行因式分解是需要尝试的。课标对因式分解的

要求很低,只要求掌握提公因式法和公式法(公式法是一类式子因式分解的通法)。因式分解之所以需要,无非是它对分式运算和解方程是有用的。但因式分解对解方程并不是必要的,而课标对分式运算的要求也较低。由于课标对因式分解的要求较低,作为因式分解方法之一的十字相乘法又不是通法,所以在课标中不放入十字相乘法就不足为怪了。

例3,《义务教育数学课程标准(2011版)》以标注"*"的方式,增加了如下选学内容。选学内容是不作为考试要求的,对这些内容的教学要严格按照课标要求,切忌深挖:能解简单的三元一次方程组;了解一元二次方程的根与系数的关系;知道给定不共线三点的坐标可以确定一个二次函数;了解平行线性质定理的证明;探索并证明垂径定理;探索并证明切线长定理;了解相似三角形判定定理的证明。

三、向课堂50分钟要效益

有效教学是"减负增效"的核心。教学中应当注意如下几个关系:"预设"与"生成"的关系、面向全体学生与关注学生个体差异的关系、合情推理与演绎推理的关系、使用现代信息技术与教学手段多样化的关系,正确处理数学教学中的几个先和后:问题在先,方法在后;尝试在先,指导在后;猜想在先,论证在后;结构在先,知识在后。

课堂小结是教学过程的重要组成部分,不是可有可无的,也不能停留在回顾教学过程、复述知识要点的层面上;课堂小结要成为学生反思学习、自主评价、分享成果和教师进行学习方法指导的宝贵时机。应预留课堂小结的时间,让学生开展交流活动,涉及的内容包括如下内容。

知识性交流,如知识学习的收获,对知识的理解或新的思考;传递自己的思想,接受他人的见解和观点。

体验性交流,如学习过程中的感受、想法、情感变化,对某一事例的评论、欣赏、赞叹等。

解决问题心得交流,如对解决问题的思路、方法、结果的评判,对数学思想方法的认识、领悟,对学习过程的反思、评价等。另外,在课堂小结中,还可以质疑、咨询或提出进一步思考的问题等。

合理的作业是"减负增效"的有效措施。应切实控制课外作业量,创新作业布置、批改和讲评方式;改变作业布置方式,变单一布置型为多元选择型;改变作业批改方式,变全批全改为学生互批互改;改变作业讲评方式,变老师评为学生评。

教师应重视课后反思。课后反思可从如下方面展开:本节课什么地方最成功,成功的原因是什么。本节课最遗憾的地方是什么,造成失败或遗憾的原因有哪些,是设计不合理,还是对学生估计不够,是组织教学上的问题,还是对教材理解把握上的问题,等等。在课堂教学中,对于随机发生的教学情况有什么好的处理方式,对于学生随机生成的教学问题有什么好的解决办法,对教学方式有什么新的灵感,解题思路有什么新的有效方法,等等。学生在课堂教学中有哪些出乎你意料的良好表现,好的解题方法,新的分析问题的思路,敏锐的观察发现,深刻的问题剖析,提出新的质疑,对问题独特的见解,等等。通过对课堂教学的深刻反思,对一节课的理解定会有新的认识和新的想法,对这节课要写出教学后的再次改进设计,实现自我完善和提高。

四、发挥评价对"减负增效"的方向盘作用

有效评价是"减负增效"的方向盘。数学学习评价的内容,必须包括知识与技能、过程与方法、情感态度与价值观三个维度目标的内容。

在情感态度与价值观维度上面,关注点要在数学学习的兴趣和态度上,主要指向数学价值的理解,自我实现的追求,主体精神的发扬;对数学现象的好奇心,对数学信息的敏感性,参与数学活动的积极性;对待困难的坚毅性,体验数学过程的自觉性,学习数学的自信心,良好学习习惯和方法的养成。

在知识与技能维度上面,关注点要在数学认知水平上,主要指向对数学知识和技能的掌握程度;数学基础能力的发展水平;评价注重对数学本质的理解和思想方法的把握,避免片面强调、机械记忆、模仿以及复杂技巧。

在过程与方法维度上面,关注点要在数学学习的潜能和创新上,主要指向在数学学习过程中的行为特点;独立思考能力和合作精神;提出问题和探究活动的能力;自主学习能力和自我监控能力,表达和交流能力。

在传统习题中,操作性的题目多,有趣有用的题目少;封闭性的题目多,有创意的题目少;形式化的题目多,结合实际的题目少。传统习题,注

重正确答案,忽视解题思路的探索过程;注重唯一正确的标准答案,忽视发散思维和创造性活动;注重就题论题的讲评,忽视题目潜力的挖掘;注重熟能生巧,忽视数学观念的提炼和创造才能的培养。为了实现三维目标,要充实具有实践性、应用性、探索性和开放性的数学习题,把发展性训练与基础性训练有机整合、协调互补,增加习题的层次性、多样性和可选择性,合理设计与实施书面测验。

对于学生基础知识和基本技能达成情况的评价,必须准确把握内容标准中的要求,在设计试题时,应该关注并且体现本标准的设计思路,并提出几个核心词:数感、符号意识、空间观念、几何直观、数据分析观念、运算能力、推理能力、模型思想,以及应用意识和创新意识;在书面测验中,积极探索可以考查学生学习过程的试题,了解学生的学习过程;根据评价的目的合理地设计试题的类型,有效地发挥各种类型题目的功能。

例如:为考查学生从具体情境中获取信息的能力,可以设计阅读分析的问题;为考查学生的探究能力,可以设计探索规律的问题;为考查学生解决问题的能力,可以设计具有实际背景的问题;为考查学生的创造能力,可以设计开放性问题。

恰当评价基础知识与基本技能:结合实际背景和解决问题的过程考查"双基";关注知识本身意义,理解并学会应用:反对偏题、怪题、繁题、死题。评价是还应重视对学生数学学习过程的评价,注意记录、保留和分析学生在不同时期的学习表现和学业成就。在平时教学过程中还要重视对情感态度的评价,注意考查和记录学生在不同阶段情感态度的状况和发生的变化。

第三节 深度学习

无人驾驶、全自动化码头、扫地机器人……随着人工智能时代的到来,人们在享受便利生活的同时,也开始担忧自己"会不会失业"。据预测:凡是可以描述的、重要的、有固定规则和标准答案的工作岗位,都有被智能机器人取代的可能。一些纯人力的工作将被取代,意味着过去提及的"苦力活"不再需要很多人工去做,也就是说,知识才是王道;那些具有固定模式和计算方式的工作也会慢慢地被人工智能取代,也就是说学知识不能学死,要培养自己的思维能力。

但数学教学却把数学变成了按部就班的程序化的东西,使数学学习变成了对机械程序的记忆、模仿和操练。这种浅层学习不能适应人工智能时代的要求。在人工智能时代,尽管信息异常丰富,个体却需要在海量信息中不断完善自己,而不能在信息海洋中溺亡。为此,个体需要从中发现自己的理解,形成自我的智能系统。

一、人工智能时代数学学习的特征——深度学习

知识可以分成两类:直接应用的知识与指向思考的知识。直接应用的知识强调知识向生产力的直接转化,因此,在很多时候知识与自我思想的关联并无必要,指向思考的知识强调知识必须能够融入自我的体验,知识的学习不再是一种复制的过程,而是一种生动的经历。以"最有价值的知识"复制为中心的学习已无法适应人工智能时代。因为,一是人工智能已经具备比人强大得多的学习能力;二是学习既定知识对于满足个体生存需求的价值已经大大降低。

人工智能时代的数学学习,就是要让学生经历知识并让知识融入学生自我,激活学生自身的思想、思维和情感。也就是说要进行深度学习。[①]深度学习是在对知识深度理解的基础上,学习者能够批判性地汲取新知识、新思想,并与原有认知相融合,与以往学习思想相联系,并将已有知识迁移到新情境中,最终能决策性地解决问题。深度学习具有下列特点:其一,学习目标"深层";其二,学习过程"深入";其三,学习结果"深刻"。深度学习与发展学生的核心素养是一致的,学生发展核心素养是深度学习的重要旨归;深度学习是发展学生核心素养的重要路径;深度学习体现了学生的核心素养。

二、基于深度学习的数学教学策略

(一)促进知识的深度整合

在数学学习过程中,学生需要完成更加深度的知识整合,这种整合不

---

①杨欣. 教育数字化转型的算法机遇、挑战与调适[J]. 高等教育研究,2022,43(02):13-22.

仅包括建立知识与知识之间的有机联结,而且要建立知识与生活、知识与心灵之间的有机联结。为方便达成这种深度整合,教师要通过知识的结构化组织、模块化架构和网络化呈现,丰富学生的认知结构。首先,通过知识的结构化组织,揭示知识点之间的内在逻辑联系,实现知识点之间的有效联结,形成知识团或者知识簇;其次,通过知识的模块化架构,以主题、领域、单元等方式联通知识簇;最后,通过知识的网络化呈现能够展现知识体系之间的逻辑联系,形成系统理论。

重视整体教学,教学新知识时注意"总分总"的原则。先做粗浅的梗概介绍,再详细讨论具体性质,最后再做精练而深刻的小结。

建立知识结构。要注意引导学生系统化和条理化地整合所学知识,注意积累数学认知组块。组块组织有序,才能便于检索,从而才能灵活运用组块。

建立数学的各种联系。数学的各个部分,在内容和方法上,是相互渗透、密切相关的,因此,在运用知识解决问题时,既要注意横向联系,又要注意纵向联系,达到思维的流畅。

(二)聚焦大观念

大观念是指具体的经验和事实都已忘记之后还能长久保持的核心概念。核心观念是指居于具体教学情境和具体事实知识之上的思想意识,是对数学的概括性认识,是期望学生将来离开学校且忘掉许多具体数学知识后仍能留下的思想观念,具有持久价值和迁移作用;核心观念是在具体的教学情境中通过对事实性知识和概念的学习而逐步形成的,对事实性知识的学习和应用具有统领和支配作用。

教师要从"研究一个数学对象"的角度思考和设计教学过程,在研究对象的抽象、研究内容的确定、研究思路的构建、研究方法的引导等方面整体规划教学思路,帮助学生迁移相似问题研究策略。例如,代数概念的研究策略。教师在讲授每一个代数概念时,应反复强调这种研究套路,以便学生逐步掌握这种研究代数概念的"大观念"。

(三)注重知识理解和生成

教学过程要突出活动与实践,促进学生深度体验,在经验生成的过程中,实现知识、能力、情感、思想与价值的深度融合。

通过活动"将符号化的知识打开，将静态的知识激活，全身心地体验知识本身蕴含的丰富复杂的内涵与意义。这样的过程，便是学生主动探索、发现、经历知识形成的过程，是学生深度学习的机制"[①]。通过学生内在思维活动的激发，使学习从被动走向主动、从接受走向探究、从知识的储存走向知识的创生。要让学生经历数学概念的形成过程、数学定理的发现过程、数学规律的探索过程、数学思想方法的感悟过程。

数学概念教学通常分为引入、建立、巩固和运用等四个阶段。教师往往在概念的引入和建立阶段匆匆忙忙，而在概念的巩固和运用阶段扎扎实实，快速教学相关概念、原理等新知内容后就进行大量机械重复训练或题型归类训练，甚至不惜加大训练难度，这是一个误区。在四个阶段中，就对概念的理解而言，引入和建立阶段更重要，巩固和运用也是为了帮助学生更好地理解概念。我们应该重视知识的产生过程，拉长概念引入和建立的思维链条，让学生的思维参与更深入。由过程着手学习概念的好处是，概念在过程阶段表现为一系列的固定步骤，具有操作性，相对直观，容易效仿学会。从过程入门，通过操作来体会概念中信息的具体关系和相互影响，就打开了认识上升的道路。概念学习应通过对学生已接触到的恰当的实例进行组织整理、分析归纳、分类抽象来教，即须用实例来直观地帮助学生形成定义，而不是教定义。例如绝对值的教学，一些教师往往先直接给出形式化的绝对值定义："一个正数的绝对值是它本身，一个负数的绝对值是它的相反数，零的绝对值是零。"然后就讲解例题——利用这个定义求绝对值，最后让学生仿照例题进行练习。一个正数的绝对值是它本身，一个负数的绝对值是它的相反数，零的绝对值是零。它不是绝对值的本质，充其量只是求绝对值的法则或技巧，它应该是学生通过操作后自己概括出来的。能够利用它准确地求出一个数的绝对值，也不代表理解了绝对值概念。数学概念的教学应当遵循人的一般认识规律，从具体到抽象。通过直接给出概念定义的方法引入概念，实际上就把数学变成了按部就班的程序化的东西，使数学学习变成了机械程序记忆、模仿和操练，这样就偏离了数学的本质。这种教学设计的一个误区就是把思路搞反了——应该先引导学生利用"一个数的绝对值就是这个数在数轴上对应的点到原点的距离"进行操作探索，进而自己归纳得出"一个正数的绝对值是它本身，一

---

①王璐,肖培东.深度学习导向下的高中语文教学策略[U].语文建设,2020(5):41-45.

个负数的绝对值是它的相反数,零的绝对值是零。"

(四)发展高阶思维

数学教学的根本目的是提高学生的思维水平,教师应该将高阶思维的发展作为教学目标的一条暗线伴随课堂教学始终。在学生掌握"双基"的基础之上,通过层级式、梯度式、立体式教学目标设计,提升学生的理解、反思和批判能力,强调学生对知识的具体内容、知识之间的内在逻辑关系的梳理和理解,对学习范畴、学习方法、学习结果的深度反思,对已有观点、个体经验和先在假设的质疑和批判,进而锻造学生的思维品质,实现深度学习。

1.暴露思维过程,培养良好的思维习惯

一方面,教师在讲例题时应给学生展示自己的思维过程;另一方面,在解题过程中可引导学生回答下列问题:我选择的是怎样的一条解题途径?我为什么做出这样的选择?我现在已经进行到了哪一阶段?这一步的实施在整个解题过程中具有怎样的地位?我目前所面临的主要困难是什么?解题的前景如何?此外,还可训练学生书写分析过程,培养思维的条理性。

2.训练发散思维,培养思维的广阔性、灵活性

解决数学问题的基本思路是把没有解决的问题转化为已经解决的问题,把复杂的问题转化为简单的问题。一题多解就是从不同的方位、不同的角度去审视分析问题,是一种发散思维的过程。一道数学题,因为思考问题的角度不同而得到多种解题思路,广泛寻求多种解法,有助于拓宽解题思路,发展学生的思维能力,提高学生分析问题的能力。而一题多变则是从已知问题出发,通过增加思维量,不断变式,得到新问题,它是创造性思维的体现,通过题设、结论的变化及引申新问题让学生对知识的理解更深刻。一题多变,对一道数学题进行联想、类比、推广,可以得到一系列新的题目,甚至得到更一般的结论。对多种变式题进行求解,有助于培养学生的发散思维,增强学生面对新问题敢于联想、敢于创新的意识。

第四章 基于素质教育的初中数学微专题实践

第一节 素质教育视域下初中数学微专题的教学探讨

如何基于数学核心素养来进行初中阶段数学微专题教学设计还需要进一步的探讨。本章主要探讨素质教育视角下微专题的选取类型、设计策略和教学模式,构建基于数学核心素养的微专题教学设计研究理论。

一、基于核心素养的初中数学微专题教学理念转变

核心素养视角下的课程改革已成为一种大流行趋势,而知识是生成核心素养的本源,根据喻平的观点,数学核心素养的发展一般要经过三个层次:知识理解、知识迁移和知识创新,分别对应第一、二、三级水平,依次逐渐升华。[①]在义务教育阶段,促进数学核心素养的落地不仅需要依靠新授课上对基本知识和基本技能的领悟,也依赖于复习课上对知识加以重构并迁移创新,以此将数学核心素养发展到更高层级(第二、三级)。因此,指向核心素养的微专题教学复习课也需要一系列的理念转变。

(一)重整教学目标:由知识本位目标转向注重素养

传统复习课考什么教什么,在新课程观的倡导下,传统教学已不能满足人才培养需求。从考纲目标来看,《考试命题意见》指出:"取消初中学业水平考试大纲,严格依据义务教育课程标准科学命题,不得超标命题",强化能力立意与素养导向;从课程标准的改革目标来看,从"双基"发展成"四基"再到"核心素养"明确了学生发展的路径。这些体现了当下课程目标从关注知识到关注学生发展的转变。核心素养的落地贯穿于学生学习的整个阶段,是一个长期性的培养目标,那么就需要我们转变观念,以知

[①]喻平. 基于核心素养的高中数学课程目标与学业评价[J]. 课程•教材•教法,2018,38(01):80-85.

识为载体,以素养为目标,在课堂教学中积极探寻两者的融合发展之路。

(二)重构教学内容:由碎片化转向结构化

素养依赖于知识而发展,喻平教授认为,发展数学核心素养的第二水平是知识迁移。[①]布鲁纳认为学习的过程包括获得、转化和评价三部分,在转化阶段,强调知识的可迁移,而知识发生迁移的条件是必须有相同的要素,碎片化的、没有联系的知识无法发生迁移。在建构主义看来,知识结构化可以帮助学生减少认知负担,促进知识迁移。这启示我们要重构教学内容,将知识从碎片化转向结构化,形成完整的知识体系。在教学中,绘制思维导图是知识结构化的一种有效方式,它可以使概念之间的联系更加清晰,知识结构一目了然。其实,思维导图在教科书中也有体现,数学教材每章结束后都通过思维导图的形式给学生呈现本章主干知识,使人一目了然。

教材也提示我们用思维导图来梳理知识点,将复杂知识变得直观化,这不仅能够帮助学生整合零碎知识,组成大的知识群,同时这也是对数学中涉及的概念、定义、公式和定理重新理解、巩固的过程,蕴涵着学生思维的"再创造",使学生在"画"的过程中培养数学抽象素养、逻辑推理素养、数学建模和直观想象素养等。

(三)转变教学方式:由单一讲练转向互动交流

教学方式的转变是教学进步的一大表现,复习课不像新授课那样,能够引起学生极大的学习兴趣。传统复习课堂基本上是以教师为主,教师讲,学生听,然后做练习,师生互动空间有限,对话范围较窄,教学效果较差。自新课程改革以来,学生成了学习的主人,教学范式也由"讲解—练习"模式向"互动—交流"模式转变,发挥了学生的主体作用,引发学生深度学习,促进知识的理解和生成。

核心素养导向下的课堂教学方式倡导自主、合作和探究,需要有效地进行课堂对话。具体可采用以下策略:①创设问题情境,给予学生合作交流的机会,促进学生的交互意识;②鼓励质疑,构建多向对话互动关系,关注生生交流和师生交流,促进学生深度理解。

---

①喻平. 数学核心素养评价的一个框架[J]. 数学教育学报,2017,26(02):19-23+59.

(四)注重过程评价:评价主体多元和评价方式多样

教学和评价是实现课程目标不可或缺的两个重要组成部分,评价是为了更好地促进教师的教和学生的学,《高中数学课程标准(2017版)》的基本理念中提出:"评价既要关注学生学习的结果,更要重视学生学习的过程。"①

教学中,评价方式有很多种,但核心素养视角下的教学评价不仅要评价学生知识的掌握程度,也要评价学生的素养水平。在这种评价范式下,教学既要追求形成性评价,又要注重过程性评价,包括书面测验、开放式问题、课堂观察和考试成绩等,结合学生的特点,采用定性和定量相结合的方式,恰当地呈现和利用评价结果。同时,也要注意评价主体的多元性,采用学生自评、生生互评、师生互评等方式对教学和学习情况进行全面的考查。

二、基于数学核心素养的数学微专题内容的选择

在《义务教育数学课程标准》中,从"双基"拓展到"四基",再到"四能",最后到史宁中教授所提出的"三会",展示了发展学生数学核心素养的一个明晰的教学线索。本研究结合核心素养的整合性、可迁移性、高阶性以及情境性等特征,以发展学生"四基""四能"为导向,设置了四个不同类型的微专题。具体地,以发展学生"基础知识和基本技能"设置知识提高型微专题;以感悟"数学基本思想"设置思想型微专题;以积累"数学活动经验"设置活动拓展型微专题;以培养"四能"设置方法型微专题。

数学核心素养体现在数学基本思想上,包括逻辑推理核心素养、数学建模核心素养、数学抽象核心素养。

数学核心素养的载体:"双基",其包括数学运算核心素养、数据分析核心素养。

数学核心素养的前提:基本活动经验,其包括直观想象核心素养、逻辑推理核心素养。

(一)巩固基础的知识提高型微专题

研究者以"基础知识"为载体,设置知识提高型微专题来加深学生对知

---

①燕学敏. 中小学课堂差异教学评价体系的建构与反思[J]. 教育理论与实践,2021,41(11):33-37.

识的理解。知识提高型的微专题是指通过组织探究活动,让学生对基础概念的内涵、外延或者迷思概念有了更深的理解和掌握。这类知识点的来源可以是学生错题、一道教材习题的改编、教材重难点以及考点等等。例如,后文的案例"勾股定理——折叠"是以一道练习题改编而来的,案例"求二次函数"是根据教材的重点组织的。作为教师,我们需要在教学中善于观察,善于总结,有针对性地去设计适合学生学情的课程教学资源,从而有效提升学生处理问题的能力。

(二)聚焦思想的思想型微专题

双基是发展学生数学核心素养的基础,基本思想和基本活动是发展数学核心素养的关键。史宁中教授提出:"在中学阶段可以通过抽象思想、推理思想和模型思想去着重发展学生的数学抽象素养、逻辑推理素养和数学建模素养。"[①]分析初中阶段数学思想方法在水平考试中的体现,主要是从这三种数学思想中派生出来的相对具体的数学思想方法,有转化思想、数形结合思想、分类讨论思想等。微专题教学聚焦某一数学思想,有针对性地设置成思想型微专题,有助于学生感悟数学思想方法。思想型微专题是指学生在具体的学习过程中,以某一基本思想为主线形成解决问题的策略。例如,在后面的课例中,研究者针对分类讨论思想专门设计了一节"等腰三角形的分类讨论"微专题,通过对边、角的讨论,让学生逐步领会思想,能够根据具体问题进行迁移应用。

(三)注重情境的活动拓展型微专题

《义务教育数学课程标准》中明确提出:数学活动经验的积累是提高学生数学素养的重要标志。双减政策下,为满足学生个性化、多元化的发展需求,活动拓展型课程成了学校很受欢迎的课程之一。活动拓展与微专题复习有机结合,将数学活动拓展课程内容主题化,以一课时或几课时为单位,有效设计、组织相应的数学活动,建立对话、合作、交往为主的交互式课程环境,能切实提升学生素养。活动型微专题是指教师设置一定的数学活动,学生有效地使用数学工具进行探索的活动。例如,后文案例"课题学习——选择方案",是根据教材后边的课题学习改编而来的,创设生活情境,让学生提前从生活中了解不同方案,体会方案选择与生活的联系,在

---

①史宁中.数学基本思想18讲[M].北京:北京师范大学出版社,2015:31-32.

合作探究中解决问题。

（四）立足问题的方法型微专题

对于数学学科而言，好的做题方法和技巧可以让我们快速、高效地解决问题。从发展数学核心素养的角度出发，掌握基本技能是学生发展的基础，其关键功能在于引导学生经过数学思考，寻求解决问题的方法。在具体的教学设计中，以"问题"为导向，立足问题解决的全过程，引发学生对数学思想方法的归纳与总结，形成方法型微专题。方法型微专题是以"问题"为核心，学生在具体的解决问题过程中所形成的一类解决问题的策略。方法要求具有典型性，例如，后文案例"将军饮马模型求线段和最值"，以"求线段和最值"为载体，对问题不断地进行变式，学生在其中能够发现问题和提出问题，并能够根据特定情境和具体条件将问题与数学建模相联系，最后形成解决这一类问题的策略。

三、核心素养视角下的微专题内容组织设计

（一）知识情境化策略

新课程下的知识不仅具有建构性、社会性，还强调情境性。情境认知理论认为，只有基于情境中的知识才是有意义的。从教学角度来说，是指教师根据教材和学生的已有经验，将问题置于熟悉的环境中，让学生直观地体验知识的产生和应用过程，促进对抽象知识的理解。那么，在初中数学微专题教学中开展情境化教学有着重要的意义：一方面，改变传统的复习课模式弊端，设置相应的情境能够吸引学生注意力，引发学生的认知冲突，激发学生主动探究的欲望，从而提高课堂复习效率；另一方面，消除学生对知识的陌生感，促进学生主体性的建构，培养学生的逻辑思维能力和知识迁移应用能力。

将枯燥、僵硬的知识体现于学生所熟知的事物中，可以降低学生对知识的陌生程度。在教学中，情境的创设需要根据学习任务的不同来定，而不同的学习任务可以培养学生不同的数学核心素养。情境创设的来源是多样化的，可以来源于问题本身，可以源于生活实际，也可以是其他方面，我们需要根据不同的学习任务选择创设有效的情境。在微专题教学中，我们需要找准生长点，以"问题"为导向，将陈述性的知识进行二次设计，以问题链的形式层层深入，通过一题多解或者变式练习的方式对问题情境进

行不同角度和不同层次的变更,突出主线,让学生在例题研讨过程中提升提出问题的能力,形成自我的"问题意识"。

例如,在"直线与直线的位置关系"微专题中,直接告诉学生有三种位置关系是生硬的,尤其学生对于存在异面的情况,由于其比较抽象,学生往往可能在做题过程中忽视此种情况的存在,但如果我们设置一定的问题情境,通过展示相关的高架桥的图片,唤醒学生的生活经验,引发学生的认知冲突,进而引导学生提出问题,就能在合作探究中得到结论。相比来说,学生在新授课的基础上,重新对知识进行了二次理解,再次经历了"数学化"的过程。

(二)知识结构化策略

数学核心素养的整合性特征决定了学生的知识、思想和方法不能呈碎片化,需要使知识结构化。初中数学涉及的知识点多、内容抽象,教师实现课程内容结构化就是要对点状知识进行筛选、组合,聚焦核心知识,设置恰当的问题情境,引导学生不断深入探索,从而实现知识的体系化、整合化和系统化,并在知识的建构过程中,使得知识、能力和素养三者有机融合。其中,最突出的特点就是把具有共同逻辑关系的知识重组、整合,按照核心素养组成各种知识能力群,建立学科知识的"肌肉模型",使碎片化的知识结构化,实现局部知识与整体知识的联系。

(三)整体设计策略

核心素养视域下的教学重点关注"四基"的形成与发展,而发展学生的"四基"特别要关注课程内容的结构性,突出整体性。数学学科是一个连贯的整体,虽然目前的初中数学教材是以螺旋上升的方式排列,事实上,主要是以数与代数、图形与几何、概率与统计和综合实践4条主线交织,知识模块多,但由于知识间是相互联系的,或是同一领域的联系,或是不同领域的联系,所以为了培养学生的综合运用能力,我们提出了在复习的时候使用整体设计策略,同时,这也契合数学核心素养发展的整合性、综合性和跨界性的特点。基于数学核心素养的初中数学微专题教学设计主要包含两个方面:联系和整合。

联系主要是指内容上整体考虑知识间的关联,这是针对微专题教学材料而言的。学习理论认为,新的学习必须要与个体已有的认知结构中的旧经验取得关联,并能够进行建构,这样才是有意义的学习。观察我们的教材,知识大多分布在各个章节,那么研究者首先就要把握教材,研读教材,从知识的系统性出发,寻找知识间的内在联系,从而开发多样化的课程教学资源;其次打破原有的知识体系,进行横向或纵向联系,设置多样化的活动,引导学生把握知识的逻辑及其相互间的关联,感悟其中的数学思想方法。

整合其实就是知识结构上的整合,包括同一领域的整合和不同领域的整合。比如说可以是章、节的整合,也可以是跨章节的"内容群"整合,或者是某一主题的整合。当我们选定教学内容后,对相关的知识要进行适当的删减和整合,突出核心知识或思想方法,整合知识结构。例如,教材中一次函数、反比例函数和二次函数是三个不同的函数类型,但这些内容是属于同一领域的,其核心是函数思想和数形结合思想,我们就可以根据教学需要将其整合成一节微专题;又如,数学学科与物理、化学都有一定的知识联系,将这些学科知识进行整合属于不同领域的整合。

(四)方法模式化策略

布鲁纳认为,学生的知识学习是一个类别化的信息加工活动。通过微专题教学,知识的结构、模式被不断地重组、归纳和总结,最后在自己头脑中形成对某一类问题的解决程序,这就是解题方法模式化。在数学教学中,"解题"是一种最基本的活动形式,对概念的形成、命题的掌握、方法与技能的获得和能力的培养都有很重要的作用。当学生遇到数学问题时,能够迅速做出判断,进行"模式识别",然后根据识别对象,选择做题模式,进行解答。微专题复习教学设计的针对性原则决定了在课堂教学上,教师要合理引导学生识别和建立自己的数学认知体系和解题程序。要建构学生的解题程序,必须让学生在具有基础知识基础上,通过一题多解和多解归一的方式,感受数学中的思想方法,发现变中有不变的本质,使问题解决具有规律性和程序化。

四、核心素养视角下的微专题教学设计

基于一般的复习课教学环节,结合微专题的特点,我们将微专题教学模式可以分为课前准备、课中实施、课后反思评价三大环节,其中每个环节又可以细分为若干个过程,本研究尝试提出了一个完整的教学环节。

核心素养视角下微专题教学环节包括以下内容。

阶段1——准备阶段：确定选题内容，知识型、思想型、方法型、活动型；分析教学要素，学情（重点）立足课标、整合教材，确定重难点制定教学目标，指向核心素养。

阶段2——实施阶段：预习单先行、创设情境、合作探究、巩固练习、体系构建、题组检测。

阶段3——反思评价阶段：评价主体多元化，教师、学生本人、同学；评价方式多样化，形成性评价、过程性评价；评价标准科学化，评成绩、看素养。

特别地，在微专题的教学环节中，准备阶段和反思评价阶段不可缺少，而对于实施阶段的教学环节可以不完全相同，教师根据不同的微专题类型选择其中的相关环节。比如，在知识提高型微专题教学中，可以采用预习单先行—合作探究—巩固练习—体系构建—题组检测的教学环节进行；在活动拓展型微专题中，可以采用预习单先行—创设情境—合作探究—体系构建环节进行。下面对每一个环节作简要阐述。

（一）准备阶段

教学准备阶段包括确定选题内容、分析教学要素两个方面。

确定选题内容是微专题教学的第一步，关系到这节课是否能达到想要的结果。具体的选题内容要基于你的教学初始目的选择合适的类型，比如说，开展本节微专题主要是想帮助学生巩固基础知识，突破重难点，那就选取知识突破型的微专题。

教学要素分析包括三方面：学情分析、重难点和教学目标分析。

第一，分析学情，不同学校不同年级学生的年龄、学习情况等存在着不同程度上的差异，教师通过分析学生的学习情况、已有的知识经验和现有的素养水平等，能够为教学设计提供依据和指导。

第二，分析教学目标。在制定教学目标时，要凸显核心素养的要求，分析数学核心素养融入教学内容和教学过程的途径和载体，不仅只关注学生"得到什么"，还要关注"经历了什么"，确保数学核心素养能够在核心素养的引导下有效落地实施。比如，在设计一次函数应用微专题时，教学目标可以从"数学抽象"角度去考虑，能够根据具体的情境抽象出一次函数数学问题，就符合"数学抽象"水平的要求；从数学建模角度出发，能够在具体的情境中选择合适的数学模型,确定参数,求解模型,就符合"数学建模"这一水平的要求。基于数学核心素养的教学目标比较全面、有可操作性,且兼顾了学生主体的发展需求。

第三,分析教学重难点。准确把握重难点可以有效提升教学效率。教学目标的确定应该参考三个方面:立足课程标准(宏观)、整合教材内容(中观)、研究学情考情(微观)。

从宏观方面来看,教师紧扣标准中罗列的每个内容的要求,准确把握教学重难点,全面落实课程目标;从中观层面来看,教师需要整合教材内容,对知识进行归类、重组,确定教学重点,同时也要考虑核心素养的水平要求;从微观层面来说,分析学生的学情,哪些知识是较为抽象的,哪些是比较难理解的,结合知识点的复杂程度和学生因素确定难点。同时要考虑到难点是否能培养学生的数学核心素养。

(二)实施阶段

教学实施阶段强调要以教师为主导,学生为主体。一共包括6个环节:预习单先行、创设情境、合作探究、及时巩固、体系建构、题组训练。下面具体来阐述每一环节。

1.预习单先行,温故知新

"先行组织者策略"是认知心理学家奥苏贝尔提出来的,指的是在呈现正式的学习材料之前,提供一些与教学内容相关的、包摄性较广的、比较清晰和稳定的引导性材料,它为学生提供了帮助理解和记忆新知识的"脚手架"。以预习单为先行组织者,在符合问题解决思路和确保微专题教学完整性的前提下,精简教学内容,在教学在正式开始之前,有关细节的事实性知识可通过发放预习单的方式提前让学生自主完成,来帮助学生提前唤醒自己认知结构中已有的知识,建构基本的知识体系。

设计基于预习单的先行组织者,我们事先需要思考以下两个问题:到底让学生预习什么? 如何来设计预习内容更为合适? 预习单的设计不能仅仅是罗列知识点,而应该是兼容探究性和开放性,既能够帮助学生回忆起以前学过的知识,也能够给学生"留白",为课堂教学做好铺垫。

2.创设情境,引入话题

情景化是数学核心素养的重要特征,有效的问题情境能够为发展学生核心素养提供"脚手架",帮助学生建立知识间的联系,从而完成问题解决。在微专题教学中,我们将核心素养视为预期的学习结果,通过设置情境引发学生学习内驱力,激发学生的探究欲望。

3.合作探究,展示交流

传统的复习教学过多地关注学生的学业成绩,重视发展学生的认知功能,机械地讲练忽略了教学的情意功能,导致高分低能现象的出现。新课程改革下,教学方式从单一课堂讲授走向了合作探究,使学生在学习过程中处于一种愿意学的状态,是教学方式的一种现代转型。合作探究环节,教师需要对班里的学生有一定的了解,按照学生的个体差异和知识情况进行分组,分成组间同质、组内异质,提供给学生合作交流的机会。

4.巩固练习,形成方法

巩固练习是对前面所学内容通性通法的再理解与再运用的过程,相比一般的课堂的巩固练习,微专题教学中巩固练习题的选择和设计有不同之处。首先,练习题的设置一定是有典型性和思想性的,紧扣前面所学的内容,突出重点;其次,练习题一定要"少而精",既能达到及时训练的效果,又不增加学生的负担,陷入题海战术套路;最后,练习题设置的难度要符合学生已有的知识经验,在学生的"最近发展区"附近,既能让学生巩固消化所学内容,又能让学生"跳一跳",实现知识迁移到知识创新的提升。

5.体系构建,升华思想

数学是一门抽象的学科,初中数学知识具有内容多、综合性强和灵活性大的特点,在微专题复习教学中,我们可使用可视化的思维导图将一个个零碎的知识科学地进行整合,将知识体系化,这样既可以帮助学生将知识片段联结起来,很好地帮助学生查找学习过程中的知识盲点,也可以培养学生的发散思维,使学生对知识理解得也更为深入,将知识联系得更为清晰,知识框架构建得更为完整,即达到知识掌握的"深度""跨度"和"广度"。

6.题组训练,迁移应用

题组训练是精讲点拨的深化,是检测学生学习成果的一种方式。为了能够使学生用所学知识迁移解决现实问题,在微专题教学中,教师要根据微专题的类型以及教学目标的要求,精心设计题组,以实现强化的目的。教师针对题组设计,要遵循三个原则:第一是要少而精,第二是由易到难,符合学生的最近发展区,第三是考虑到不同层次学生的发展水平,争取让人人都能够获得不同程度的发展。

（三）反思评价阶段

评价对教学的重要性不言而喻,伴随着整个教学过程,每一次教学后的评价都有助于下一次微专题教学的实施。所以评价既要看学生能力是否得到提升,也要看数学核心素养有没有变化。在微专题的教学中,我们运用形成性评价对学生的学习过程和态度进行长时间的观察记录,运用总结性评价检验学生的学习成果,这包括布置任务和题组练习,同时在学科知识考查中分析数学核心素养水平,针对性地开发各素养的评价工具。

具体来说,面向数学核心素养的评价重点关注以下几点:①关注学生在复杂情境中解决问题的能力;②关注学生的思维表现;③关注从知识理解到知识迁移,再到知识创新的过程表现。

第二节 素质教育视域下初中数学微专题教学案例

教学案例选取的依据主要是基于前文提出的四大微专题类型和四大策略,然后立足课程标准,整合教材资源所形成具有独特价值的微专题。

在提出的每个案例后面,我们均对其每个环节以书面的形式写好设计意图和反思。

案例的设计理念是在核心素养导向下,积极创造生动的课堂环境,充分发挥学生的主体作用,让学生在复习课堂中也能有新授课的积极体验,旨在让学生的数学知识和素养同时获得发展。

教学目标的设计是遵循《课标》要求,课时目标与素养目标相结合;教学过程设计注重研究考情,明确试题的导向作用,同时情境设置注重生活化,贴合学生已有经验,题目设置由易到难,针对性地给学生提供"脚手架"。[①]

在教学活动中,强调师生互动和合作探究,让学生进入学习状态,经历通性通法的产生过程,这也是培养核心素养的一个重要方面。

①罗建河,谌舒山."双减"背景下作业设计:理据与路径[J].当代教育科学,2022(04):52-60.

一、知识提高型微专题

(一)以"勾股定理的应用——折叠问题"微专题为例

案例名称:以"勾股定理的应用——折叠问题"微专题为例。

1.确定选题内容

内容分析:勾股定理的应用很广泛,是初中几何的重要部分。北师大版八年级上册第一章内容为勾股定理,本章中利用勾股定理求线段长度是重点,因此在这一章打好基础尤其重要。学生通过折纸,能够培养学生的空间观念,学生学会描述图形的运动和变化,在动手实践中经历观察、操作、实验、猜想和验证的探究过程,积累基本的数学活动经验。同时本微专题还蕴含了大量的数学思想,例如,转化思想、方程思想等,所以本节课还能够渗透数学思想。

2.分析教学要素

学情分析:本节是一节微专题课,学生在此之前,已经能够较为熟练地应用勾股定理,对于利用方程思想结合勾股定理的运用也有了一定的接触。轴对称及勾股定理内容的知识储备,为本节课的探究做了铺垫。但是学生本身知识上没有形成体系,解题时常常感觉束手无策,其根本还是学生不能真正熟练使用数学技能、领悟数学思想。

教学目标:①掌握解决图形折叠中问题的通性通法,并能够根据具体问题找到解题策略。②在知识梳理过程中,学会观察图形,建立勾股定理与方程之间的联系,完善知识结构。③在例题研讨和问题解决的具体情境中,培养学生运用所学知识解决实际问题的意识,总结规律,提升学生的逻辑推理能力、数学建模核心素养。

重难点:重点是在折叠问题中利用勾股定理解决问题。难点是把折叠中的问题转化为勾股定理求解。

3.教学设计预习单先行

预习单内容包括课题:"折叠问题中的勾股定理";预习任务:①回顾之前学过的全等三角形的性质,轴对称的相关知识;②准备直角三角形和长方形硬板纸(2张)。

4.合作探究

（1）活动一：折叠三角形

问题1：如图4-1，已知，在直角三角形 ABC 中，$\angle C=90°$，$AC=6$，$BC=8$，将它的一个锐角翻折，使该锐角顶点落在其对边的中点 D 处，折痕交另一直角边于点 E，交斜边于 F，求 CE 的值？

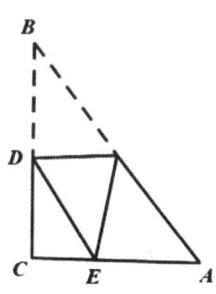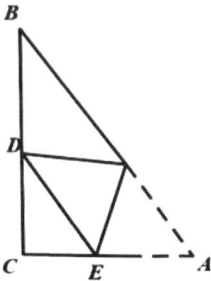

图4-1　示例图1

分析：将直角三角形的锐角翻折有几种情况？折叠后能得到哪些线段相等？翻折前后的图形有什么关系？

教师活动：指导学生发现折叠的实质。

学生活动：动手操作，发现折叠前后边、角的等量关系，体会折叠的实质是轴对称。

设计意图：通过学生动手操作，发现折叠前后的变与不变，总结数学思想方法。

如图4-2，变式：已知，在直角三角形 ABC 中，$\angle C=90°$，$AC=6$，$BC=8$，将直角边 AC 沿直线 AD 折叠，使它落在斜边 AB 上，且与 AE 重合，求 CD 的长。

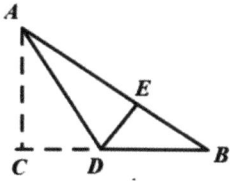

图4-2　示例图2

分析：翻折前后，$\triangle ACD$ 和 $\triangle AED$ 全等，能得出对应线段相等。$AE=AC=6$，$DE=CD$。运用勾股定理计算出 AB 的长。计算 CD 转化成求 DE，寻找直角三角形，然后根据各边之间的关系，设出未知数，运用勾股定理求解。

教师活动：引导学生找出折叠前后的变与不变，并标明，然后用方程思想设未知数,将已知条件和未知归到一个三角形中,利用勾股定理解决问题。

学生活动:设未知数,根据勾股定理列方程求解。

设计意图:通过变式练习加强对三角形折叠问题的掌握。

(2)活动二:折叠四边形

问题2:如图4-3,将正方形四个顶点分别标记为 A、B、C 和 D 四点,将正方形折纸 A、B 两点合折,取 AB 的中点 E,再将纸翻折使点 C 与点 E 重合,折平后得折痕线 GF,折纸底边 CD 翻折至 EI 位置,与左侧的边 AD 交于点 H。小组合作,看你能求出哪些线段的值。

分析:折叠前后的图形有怎样的关系? 找出其中的等量关系。根据勾股定理进行求解。

教师活动:教师提示学生操作,帮助学生分析题意,找图中的数量关系。

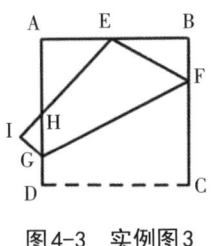

图4-3 实例图3

学生活动:学生动手操作,找题目中的数量关系,根据勾股定理列方程求解。

设计意图:通过对三角形折叠中的方法的掌握,启发学生能够迁移应用到四边形的折叠中,巩固做题的方法思路。

设计意图:通过变式练习,形成图形折叠问题的一般处理方法。

变式2:已知,如图4-4,在矩形纸片 ABCD 中,AB=8,BC=10,将纸片折叠使得点 D 落在边 BC 边上的点 F 处,折痕为 AE,求线段 DE 的长。

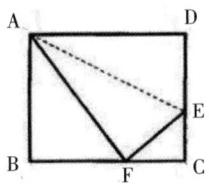

图4-4 示例图4

体系建构图如图4-5所示。

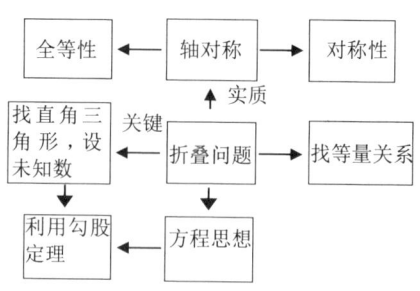

图4-5 体系建构图

及时巩固:如图4-6,在直角三角形 ABC 中, $AB=9$, $BC=6$,将 $\triangle ABC$ 折叠,使点 A 与 BC 的中点 D 重合,则线段 BN 的长为多少?

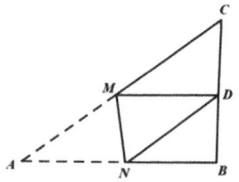

图4-6 示例图5

如图4-7,矩形 $ABCD$ 中, $AB=4$cm, $BC=8$cm,现将 A 、 C 重合,使纸片折叠压平,设折痕为 EF ,①求 DF 的长;②求重叠部分 $\triangle AEF$ 的周长;③求折痕 EF 的长。

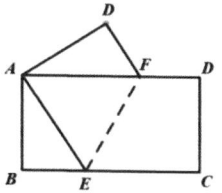

图4-7 示例图6

如图4-8,边长为8的正方形纸片 $ABCD$ 沿着 GH 折叠后,点 D 落在 BC 边中点 E 处,求 CH 的长;点 G 的坐标。

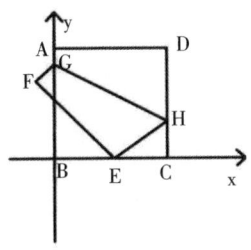

图4-8　示例图7

设计意图:围绕本节课的教学目标,从三角形的折叠、正方形的折叠和长方形的折叠这三个角度选取了难度中等的例题,主要考查学生对知识是否掌握,能否根据具体的问题进行迁移应用。

5.反思评价

学生自评:谈谈本节课主要收获了什么?(从知识、技能、思想方法等方面来说)生生互评:小组学习期间存在什么问题?是如何解决的?教师评价:对学生课堂表现、课堂参与度、回答问题积极性进行评价。同时教师也对课堂教学中核心素养的落实进行反思。

选用勾股定理在折叠中的应用设置微专题,加深了学生对本章重点的理解与应用,渗透了方程思想、转化思想,有利于培养学生的数学建模素养和直观想象素养。

在教学设计中,内容上以学生的现有知识结构出发,以直角三角形、正方形和矩形折叠问题为背景,整合教材内容,将具有同种性质的知识联系起来,让学生在变与不变中,发现关键特点,形成一个针对性比较强的知识模块,符合布鲁纳提出的"认知结构学习"理论;活动设计上强调学生的自主性,创设问题情景,让学生从不同角度发现折叠的实质,感受折叠前后的等量关系,符合建构主义下的学习论;同时从本单元学生最熟悉的直角三角形出发,学生初步感知折叠的实质,总结方法,然后迁移到正方形、矩形的折叠问题中一起整理,体现了"整体性策略"。这样设计,是为了让学生能够在知识理解的基础上实现知识的迁移,最后达到掌握知识本质的目的。

(二)以"求二次函数解析式"微专题为例

案例名称:求二次函数解析式微专题。

1.确定选题内容

内容分析:本节课内容在"二次函数"章节,是解决二次函数与其他知识综合题的基础,在中考占据重要的地位。在考题中,对求二次函数解析式的处理方法主要用待定系数法,那么初中阶段要求学生初步学会利用待定系数法求函数解析式,高中阶段则进行深入学习,因此,本节课既是对初中知识的深化,又是后续学习的基础,起着承上启下的作用。同时,学生在求解二次函数解析式主要面对两种形式,第一种是表达式已给出,第二种是表达式未给出,但后者一般难度较大,需要学生弄清楚求解本质和适用范围,根据已知条件灵活设表达式,能够培养学生的逻辑推理素养。

2.分析教学要素

学情分析:对于初三学生来说,前面已经接触过用待定系数法求解函数解析式的方法,积累了一定的学习经验。同时,根据初三学生的认知特点,已经具备了一定的分析问题、解决问题的能力。在学生面对表达式已给出的情况,很容易用待定系数法求出表达式,但面对表达式未给出的情况,就会手忙脚乱,不知道从何下手;教学目标:①学生经历观察、比较、归纳、应用、猜想以及验证的学习过程,掌握求解表达式的具体操作步骤,理解用待定系数法求二次函数表达式的方法。②经历用待定系数法确定二次函数表达式的过程,能运用待定系数法求解表达式,要求学生通过分析问题条件,从不同角度思考解决问题,体验从特殊到一般、转化和数形结合的数学思想,发现"变中有不变"的本质特征,发展数学抽象、数学建模和逻辑推理等素养。③让学生在合作探究过程中学会与人相处,培养学习数学的信心。重难点:重点是会用待定系数法求解二次函数表达式。难点是根据已知题目条件,灵活选择表达式。

3.教学设计预习单先行

问题1:你都知道二次函数有几种表达式?问题2:填写下表并画出相应二次函数对应的图像。问题3:观察所画的二次函数图像,你发现了什么? 二次函数表达式$y=2x^2-4x-6$,$y=2(x-1)^2-8$,$y=2(x+1)(x-3)$,开口方向、对称轴、顶点坐标、与y轴交点坐标、与x轴交点坐标分别是什么。

引入:问题1列举生活中的呈现抛物线的物体或者现象;问题2:确定上述抛物线的函数解析式都需要那些条件,书写课题——"求二次函数解析式"。确定正比例函数表达式$y=kx(k\neq0)$需要几个条件,理由。(需要一个条件,因为只有一个未知系数 k);确定一次函数 $y=kx+b(k\neq0)$ 表达式需要几个条件,理由。(需要两个条件,因为有两个待定系数 k,b);确定二次函数 $y=ax^2+bx+c(a\neq0)$ 需要几个条件,理由。(需要三个条件,因为有三个未知数 a,b,c)。

学生活动:自主思考,提出假设。

设计意图:通过生活实例的引入,体现数学来源于生活,增强对数学知识的熟悉感。通过第一个问题,首先引导学生理清抛物线与二次函数之间的对应关系,抛物线是"形",二次函数是"数",从而渗透数形结合的数学思想;接着提问第二个问题,通过引导学生类比确定正比例函数和一次函数表达式所需的条件,让学生说出猜想二次函数表达式所需条件,唤醒学生用待定系数法求函数表达式的意识,有助于知识经验的迁移,激发学生探索的兴趣。

4.题组训练

练习:已知抛物线的顶点为 $M(-2,0)$,且与 y 轴交于点 $C(0,-3)$,求该抛物线的表达式。变式1:已知二次函数图象的顶点坐标为 $(-1,-4)$,图象与 x 轴的一个公共点 A 的横坐标为 -2,求这个函数解析式。变式2:已知抛物线经过 $A(-1,0)$、$B(1,-2)$、$C(2,-2)$ 三点,求该抛物线的表达式。

师:以上两道题的相同点是什么? 不同点是什么?

设计意图:通过变式练习,打破学生思维定式,让学生从多个角度进行思考总结,体验"变题不变质"的内在联系。

5.反思评价

学生自评:谈谈本节课主要收获了什么?(从知识、技能、思想方法等方面来说);生生互评:小组学习期间存在什么问题? 是如何解决的? 教师评价:对学生课堂表现、课堂参与度、回答问题的积极性进行评价。同时教师也对课堂教学中核心素养的落实进行反思。

本课题属于教材的重点和考试的考点,以"求二次函数解析式"为主线,综合考虑课标、教材等方面因素,形成"知识提高型"微专题,在此过程中感受数学抽象、逻辑推理、数学运算等素养的生成。其研究价值在于从知识层面来说,其具有基础性,是研究一切二次函数相关问题的前提;从能力层面来说,突出思想,学生分析问题、解决问题的能力会得到进一步提升。

在设计过程中,要注意以下几点:①由于函数本来是一个抽象概念,尤其是二次函数知识点多,灵活性强,学生对于其三种表达式虽说了解,但做题时由于思维定式,习惯选择一般式,对顶点式和交点式应用不多,我们设计不同的内容,让学生从变中发现不变,归纳总结其一般的通性通法;②三个表达式没有好坏之分,"一般式"是"通式",根据题意,已知三个条件,设三个方程,然后解三个未知数,但联立求解三个方程有时比较复杂,难以解答。对于其他两个表达式,需要已知顶点信息或者与x轴的交点坐标,灵活选取;③在设计上,以培养核心素养为导向,教学内容层层递进,通过组织学生交流、探究等途径,让学生在解决问题的过程中学会分析,在交流中学会选择,渗透了数形结合、转化等数学思想,充分发挥了学生的主体意识。

二、思想型微专题

案例名称:分类讨论思想——等腰三角形的分类讨论。

(一)确定选题内容

内容分析:分类讨论思想是一种重要的数学思想方法,对提升学生分析问题、解决问题能力有很大的帮助。等腰三角形是初中数学几何图形学习中较为常见的一种图形,除具备一般三角形的性质外,还具备了一些角、边之间的特殊关系,是一种特殊的三角形,是几何图形研究的开始。更重要的是,它其中还含有主要的一些数学思想方法与技巧,比如分类讨论思想。纵观近几年的考题与模拟卷,对等腰三角形的分类讨论也较为频繁,常常与其他知识一起综合考察(如函数、其他几何图形),灵活性强,难度中等,对学生能力要求高。因此,选取等腰三角形渗透数学分类讨论思想,以期帮助学生深入理解三角形与其他知识的关系,构建体系,进而能够根据具体问题运用分类讨论思想解决问题,提升学生分析问题、解决问题能力,发展逻辑推理素养。

(二)分析教学要素

学情分析:等腰三角形作为一种基本且特殊的三角形,对学生来说,并不陌生。学生能够掌握基本的等腰三角形知识,但对于稍微复杂的情况,由于思维定式,对等腰三角形的分类讨论问题的思路还不是很清晰。在平常的做题或者考试中,学生经常不知道该不该分类以及如何进行合理的分类,很多学生因分类不当或者考虑不周全,很容易遗漏对某种情况的讨论。因此,基于《课标》理念和考情,围绕分类讨论的数学思想方法设计了本节课。教学目标:①在知识梳理过程中,经历由特殊到一般、类比、联想的过程,掌握等腰三角形的分类讨论标准;②通过呈现三角形分类讨论问题,引发学生激烈讨论,体验"分类讨论"思想方法,提升合情推理、演绎推理的能力;③在问题解决中,学生能够总结出三角形的分类标准,感受知识的严谨性和条理性,发展学生数学建模和数学逻辑推理素养;重难点:重点:等腰三角形分类讨论的标准。难点:能在具体的题目中分析出分类讨论的标准,培养数形结合和分类讨论的意识。

(三)教学设计

1.预习单先行

其内容包括课题名称:"等腰三角形的分类讨论";预习任务:用你喜欢的方式自主整理等腰三角形的相关知识。其设计意图是提前让学生翻阅资料,重温课本知识,自主整理等腰三角形的知识,有助于激活学生已有的知识经验,培养学生的归纳能力。

2.合作探究

问题1:如图4-9所示,三角形绿地,工人通过测量,已知两个角的度数,分别是35°和55°,现在想在这块三角形绿地的边上找出一点,修成亭子,使得该点与三角形绿地的两顶点构成一个等腰三角形。

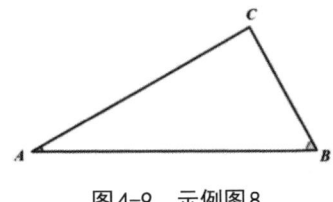

图4-9　示例图8

分析:等腰三角形有两条边相等,两个角相等。

设计意图:学生自主思考,采用测量、旋转和尺规作图(做垂直平分线)等手段得到等腰三角形,分类讨论,初步体会分类讨论思想。

问题2:如图4-10,已知每个小方格的边长为1。A、B两点都在小方格的格点上,请在图中找一个格点C,使△ABC为等腰三角形。

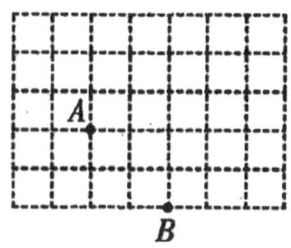

图 4-10　示例图 9

引导学生思考:怎样才能将这个三角形分成两个等腰三角形? 具体应该怎么操作?

学生活动:学生自主思考,运用尺规作图,同伴间互相补充展示交流设计的成果,归纳总结,重点体会操作过程中注意分类讨论。

设计意图:在问题 1 的基础上,学生通过对角的分类讨论已经初步体会到分类讨论思想,那么设置本道题,学生再次经历动手操作的过程,将角的分类讨论迁移应用到边的分类讨论中,思维得到了提升,积累了丰富的数学活动经验,同时对等腰三角形分类讨论思想有了更深的理解。

3.体系构建

思维导图由学生课堂上自己制作。思考:对三角形分类讨论的标准是什么?

4.巩固应用

已知等腰三角形的一个内角为 65°,则其另两个内角分别是多少?

变式 1:已知等腰三角形的一个外角为 106°,则其底角为多少度。变式 2:已知等腰三角形的一个内角是另一个内角的 2 倍,那么它的顶角是多少度?

设计意图:考查学生对分类讨论思想在具体问题中的应用,学生需要根据题意找准分类标准,弄清 65° 的角可能是等腰三角形的底角或者顶角,分为两种情况;在例 1 的基础上,分别从外角、已知内角角度关系出发进行简单变式,使学生从中发现问题的本质。

已知等腰三角形的一边等于 6,另一边等于 5,求等腰三角形的周长。

变式 1:已知等腰三角形的一边长是 4,周长是 20,则等腰三角形的三边长分别是多少? 变式 2:已知等腰三角形的三边长分别是 $3x-2,4x-3,6-2x$,求等腰三角形的周长。变式 3:已知一次函数 $y=x+1$ 的图像与 x 轴、y 轴

分别交于 A、B 两点,在 y 轴上有一点 C,当 $\triangle ABC$ 的面积为 2 时,点 C 的坐标是多少?

设计意图:通过前面的探究,学生已经体会到分类讨论思想,积累了一定的探究经验,在此基础上,不断进行变式,使问题逐渐复杂化,尤其在变式 3 中与函数结合,既考查学生对数学基本思想的掌握情况,又能检测学生知识间的联系建构,从多个方面让学生感受分类的数学思想,体会到变中有不变,提升了学生的推理能力和逻辑能力。

(四)反思评价

学生自评:对基础知识和基本技能掌握情况的评价。对等腰三角形的基础知识是否掌握,如何对等腰三角形进行分类讨论,分类讨论思想探究能力的评价。生生自评:本节课你们小组之间是如何解决问题的?从中收获了什么?通过对等腰三角形分类讨论的探究,发展学生思维的严谨性,考查学生能否将分类讨论思想应用到其他的问题中。教师评价:主要针对学生课堂表现进行评价。

本案例立足数学课程标准,整合教材内容,以等腰三角形为基础,以分类讨论思想为主线,形成"思想型微专题"。教学过程中,发挥"教师主导,学生主体"的作用,创设问题情境,学生在解决一题多解、多解归一的问题的过程中不断地体验、感悟和概括,符合"解题方法模式化策略"。

在设计过程中,我们依据奥苏贝尔的有意义学习说和建构主义理论,创设问题情境,提出问题,学生通过交流讨论经历数学思想形成的四个过程:操作体会阶段—明朗化阶段—自觉运用阶段—融会贯通阶段,实现对数学思想的深刻领悟,使学生的数学逻辑推理能力得到培养。同时,教学设计中还注重把握知识的整体性,将等腰三角形内容与其他知识相联系,体现了《课标》中正确处理局部知识与整体知识的理念;例题设计富有典型性和层次性,面向全体学生,以基础题为出发点,然后进行变式,逐渐增加题目的复杂性,适合不同层次的学生,使人人都能得到应有的发展;最后,教学方式开放,注重学生自己动手操作,在具体的实践中发展学生的能力。

在过程设计中,本节课安排了课前任务,让学生提前整理知识,激活先前经验,为课堂教学提供了很好的"先行组织者",建立新旧知识间的联系,符合奥苏贝尔的"有意义学习"理论。课中创设学生较为熟悉的"龟兔赛跑"故事情境,营造一个愉快的学习氛围,在讲故事中学生经历实际问题数学化的过程,明晰两个图像的含义,感受"数形结合"思想的应用。在例题的设计上,由课本情境出发,由易到难,螺旋式上升,符合学生的学习特点;教学环节设计上,以合作探究为主,增强学生的合作交流意识,让学生在不同情境中感受数形结合思想的应用,在反馈训练过程中归纳出基本的解题思路。

三、活动型微专题

案例名称:"课题学习——选择方案"。

(一)确定选题内容

内容分析:本案例选自人教版教材"一次函数"章节后的"课题学习",作为学完北师大版"一次函数"后的补充与拓展。该节内容与实际生活联系紧密,但由于函数问题比较抽象,如果采用传统的复习手段,达不到想要的效果,因此,我们将本节课设置成"活动型"微专题,课前、课中和课后均设置多种活动,让学生亲身实践,在过程中提高分析问题和解决问题的能力,感受数学抽象和数学建模素养的生成。

(二)分析教学要素

学情分析:八年级学生在学习一次函数后,会用函数的概念、图像和性质解决简单问题(如简单地应用待定系数法求一次函数关系式、根据图像特征判别问题特征等),但综合应用知识能力不强,尤其是利用函数知识解决实际问题。本节课以实际问题为背景,设置系列活动,激发学生学习兴趣,在研讨中提升数学抽象、数学建模素养;教学目标:①掌握解决一次函数最优选择问题的方法,并能在具体问题中抽象出数学问题,发展数学抽象素养。②在例题研讨和问题解决中,学生能从不同角度思考问题,善于总结,提炼方法,提升学生的数学抽象、逻辑推理和数学建模素养;重难点:重点是能够从实际问题中抽象出数学问题。难点是根据实际问题建立函数模型。

(三)教学设计

1.预习单先行

预习单内容包括课题名称"一次函数——选择方案",预习任务:利用课后时间去了解手机话费套餐的收费方式有哪些?替父母算一下哪种方式更为划算？其设计意图是设置开放性的任务,让学生亲身去收集信息,培养独立思考问题的能力。

2.创设情境

活动一:请同学们分享自己课前收集到的信息,说一说如果是你,你会优先选择哪种方案。师:在日常生活中,我们经常会遇到这样的选择,那到底该如何选择才是最佳的? 今天,我们就来一起学习一下。

设计意图:通过这一环节,学生体会数学问题在生活中普遍存在,我们需要运用数学方法对问题做出分析,理性选择最佳方案是必要的,具有现实意义。

3.合作交流

活动二:请根据自己的生活经验编制一道相同类型的题,并进行合作讨论,做出你的选择。预设学生可能会提到的话题,引导学生从中发现问题和提出问题,并结合已有经验解决问题。

4.反思评价

学生自评:谈谈本节课主要收获了什么?(从知识、技能、思想方法等方面来说)生生互评:小组学习期间存在什么问题? 是如何解决的? 教师评价:对学生课堂表现、课堂参与度、回答问题积极性进行评价。同时教师也对课堂教学中核心素养的落实进行反思。

本节课立足生活情境,围绕"一次函数的应用"进行设计,设置开放式的课堂环境,让学生通过小组之间的探究,深化数形结合思想和函数建模思想,培养思维的发散性。本节课以"活动"为主,课堂交给学生,教师只负责引导,这符合建构主义下的"学习观"和"教学观"。

在过程设计上,本节课课前安排了开放性的任务,将本节课的研究主题交给学生,提前去收集信息,学生通过亲身实践,感受到了数学与生活的密切联系,为学习本节课的重点提供思路。其次,课堂上设置一个活动,让学生根据生活经验自编一道开放题,培养学生观察生活的能力和创新能力。最后,通过交流与总结,教师引导学生总结解决该类问题的要点,使得本节内容"方法模式化",达到本节课的教学目标。

四、方法型微专题

案例名称:最短距离问题。

（一）确定选题内容，内容分析

本节课是学生学习完"轴对称"一节后所提出的，在平常的练习和考试中都有所涉及，解决此类问题需要很强的方法技巧。在已经学完轴对称、平移等相关知识的基础上，利用转化思想将复杂问题简单化，转化为"两点之间，线段最短"的问题。设置本节微专题，一是为了能够帮助学生解决难点，找到做题的方法；二是在此过程中，让学生经历"做数学"的过程，发展数学建模和逻辑推理素养。

（二）分析教学要素

学情分析：九年级学生在初一、初二的学习中已经接触过关于"将军饮马"模型的类型题，具备了一定的图形变换及模型思想意识，获得了一定的运用转化思想解决实际问题的数学活动经验。但对于其应用大多仅局限于简单类型，对于从复杂图形中分离出基本模型仍有困难，因此，在解决类似问题的时候学生常常感到无从下手。因此，依据中考考情和学生需要，进行此微专题是很有必要的，能够让学生通过运用模型思想将复杂问题简单化，发展学生的数学建模素养；教学目标：①经历最短路径问题的探索过程，掌握利用轴对称、平移解决简单的最短路径问题的通性通法；②能利用转化思想从实际背景中抽象出数学问题，分析问题，构建"将军饮马"模型解决问题，进一步发展数学建模和逻辑推理能力；③在例题研讨和解决问题中，拓展学生的思维，培养学生的合作意识，体会解决问题的成就感。重难点：重点是利用轴对称、平移变换解决实际问题中的最短路径问题。难点是建立模型思想，并能够根据具体问题综合应用。

（三）教学设计过程

1.预习单先行

预习单内容包括课题名称："二次函数与线段最值"；预习任务："白日登山望烽火，黄昏饮马傍交河"，同学们，你们能从中发现哪个有趣的数学问题？请查阅资料，说明其数学原理。其设计意图是通过预习单的形式，设置了两个问题。第一个问题目的是让学生回忆"两点之间，线段最短"；第二个问题，通过一句诗引出"将军饮马"，然后让学生自主查阅资料，了解其内涵，发挥了学生的学习自主性，加深了对知识的理解。

2.合作探究

展示交流,形成模型请同学分享"将军饮马"的故事,并说明其中蕴涵的数学道理。

师生活动:学生展示交流故事,板书数学模型,形成基本模型1和基本模型2,然后师生共同反馈交流。

设计意图:让学生经历从实际问题背景中抽象出数学问题、构建基本数学模型,体会转化与化归思想的应用。

模型探究,形成方法:如图4-11,等边 $\triangle ABC$ 的边长为4,AD 是 BC 边上的中线,P 是 AD 边上的动点,E 是 AB 边上的一点,且 $AE=2$,求线段 $PC+PE$ 的最小值。分析:问题是求什么? 哪个点是动点? 哪个点是定点? 符合上述的哪个基本模型?

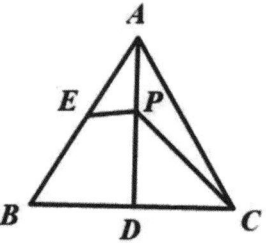

图4-11　示例图10

巩固应用:如图4-12,正方形 $ABCD$ 的面积为12,$\triangle ABE$ 是等边三角形,点 E 是正方形内部一点,点 P 为对角线 AC 上的动点,则 $PD+PE$ 的最小值是多少?

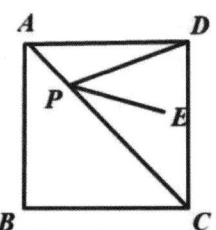

图4-12　示例图11

设计意图:以模型为载体,建立三角形、正方形和二次函数等核心知识的联结,探讨在几何图形和二次函数等核心知识中的应用,进一步深化模型,领会化归思想,感受问题解决方法的形成。

（四）反思评价

本案例以"将军饮马"问题为主线形成"方法型微专题"，让学生经历从实际背景中抽象出数学问题、构建数学模型的过程，发展学生的数学抽象思维和数学建模素养。

在教学设计过程中，基于奥苏贝尔的先行组织者策略，设计预习单，提前激活知识经验；采用"知识情景化"策略，创设问题情境，让学生经历观察、实验、猜测过程，培养学生数学思想方法的运用和迁移应用能力，利用思维导图建立知识间的联系，最终形成解决这一类问题的解决策略。

第三节 素质教育视域下初中数学微专题教学实践及效果评价

为检验基于数学核心素养的微专题教学设计是否有效，我们选取了"一次函数的应用"进行教学实践，实录课堂的教学过程。之后对学生的学习成绩、素养变化做出测评，得出结论，并不断完善教学设计。

一、测试的目的

本研究通过测试卷，验证提出的微专题教学设计对学生数学核心素养的发展是否有促进作用。

二、测试的对象

选择笔者学校所任教的班级进行教学实践，共40人，对实施微专题教学前后学生的成绩进行分析和比较。

三、测试卷的编制

（一）期中考试试卷的编制

微专题教学实施前的测试卷选用该校期中考试的试卷，挑选一道期中考试卷中关于"一次函数应用"的题目作为重点评价内容。本测试卷的设计意图旨在了解学生对一次函数应用的掌握情况。

期中考试题：弹簧挂上物体后会伸长（在弹性限度15kg内），已知一弹簧的长度y(cm)与所挂物体质量x(kg)之间的关系如下表4-1。

表4-1 弹簧的长度 y(cm)与所挂物体质量 x(kg)之间的关系

物体的质量	0	1	2	3	4	5
弹簧的长度	12	12.5	13	13.5	14	14.5

当物体的质量为3kg时,弹簧的长度是多少?

如果物体的质量为 x(kg)($0 \leqslant x \leqslant 15$),弹簧的长度为 y(cm),根据上表写出 y 与 x 的关系式。

当物体的质量为8kg时,求弹簧的长度。

分析:本题以弹簧为背景,主要考查了一次函数的应用。选材来源于生活,学生在学习一次函数实际应用新课时,就以弹簧问题为例进行了认真解读,综合性不高。解决第一问需要学生从表格中提取自己想要的信息,当物体质量为3kg时,弹簧的长度为13.5cm;第二问是解决一次函数问题的基础——求解函数解析式,学生需要利用表格信息将内容抽象数学化,分析出弹簧的长度 y(cm)与所挂物体质量 x(kg)之间的关系为一次函数关系,然后设一次函数表达式,利用待定系数法求解,考查了学生的数学抽象、数学建模和数学运算素养;第三问比较简单,在第二问已知函数解析式的基础上,将 $x=8$ 代入函数解析式,求出 y 的值,对数学运算素养有一定的要求。

综合来看,该题以"弹簧"的问题为背景,既考查了学生对一次函数知识的掌握,又促进了学生不同核心素养的发展。

(二)期末考试试卷的编制

微专题教学的后测试卷采用的是八年级期末考试卷,同样也选取考试卷中一道关于"一次函数应用"的题目作为重点评价内容,依据喻平的数学核心素养测评框架划分学生水平。

下面具体对选取的两道一次函数应用题进行分析。

应用题:互联网时代,一部手机就可搞定午餐是新零售时代的重要表现形式,打包是最早出现的外卖形式,虽然古老,却延续至今,随着电话、手机、网络的普及,外卖行业得到迅速的发展。某知名外卖平台招聘外卖骑手,并提供了如下两种日工资方案。

方案一:每日底薪50元,每完成一单外卖业务再提成3元;方案二:每日底薪80元,外卖业务的前30单没有提成,超过30单的部分,每完成一单提成5元。设骑手每日完成的外卖业务量为x单（x为正整数），方案一、方案二中骑手的日工资分别为y_1、y_2（单位：元）。

分别写出y_1、y_2关于x的函数关系式；若小强是该外卖平台的一名骑手，据调查，他所在区域每日外卖员平均送单大约50单，从日工资收入的角度考虑，他应该选择哪种日工资方案？并说明理由。

分析：这是一道社会热点的数学应用题，外卖是当下比较流行的一门行业，以"外卖"为背景，结合实际生活问题考查学生对一次函数的应用的理解。解答第一问，学生需要对题意当中的两种方案进行解读，考查了学生是否具备能够将现实问题数学化的能力，从核心素养来看，学生需要将该问题抽象转化成数学问题，建立函数模型，得出y_1、y_2关于x的函数关系式，考查了学生数学抽象和数学建模素养；第二问是一次函数应用的最优化问题，考查学生是否能够从多种视角去分类讨论，对逻辑推理素养要求较高。因此，本题在一定程度上考查了数学抽象、数学建模、逻辑推理和数学运算素养。

四、评分依据

（一）素养划分依据

知识是核心素养养成的载体，我国著名学者喻平教授基于数学知识学习表现的三种形态（知识理解、知识迁移和知识创新）划分了三种不同水平的数学核心素养，并据此提出了数学核心素养测评框架。[①]笔者参照喻平教授的核心素养测评框架，结合"一次函数应用"微专题本身的知识特点，充分征求专家意见和分析学生做题过程中的实际表现，列出了一次函数应用中各核心素养水平的具体表现。其具体包括数学抽象、数学建模、数学运算、逻辑推理，具体表现如下。

水平一：从具体情境中抽象出一次函数问题；基于表格、图像或者文字信息了解参数的实际意义，明晰变量间关系；能够准确地计算出函数中参数的值；基于数形结合，了解函数与图像的逻辑关系。

水平二：能够从相关一次函数问题中提炼出解决一类问题的数学方法，理解其中的数学思想；能够在具体的情境中选择合适的数学模型，确

[①] 张亮. 通识教育视域下我国教师核心素养培养的路径研究[J]. 教师教育研究, 2021, 33(05): 57-63.

定参数,求解模型;在关联情境中,确定运算对象,了解运算法则,正确进行运算;借助一次函数表达式求函数值,解决简单问题。

水平三:在综合情境中抽象出图像的数量关系及条件;能够在综合情境中,用函数模型解决问题;在综合情境中,把问题转化成运算问题,灵活选择解法;在复杂情境中,发现问题、提出问题,把握事物间的关系。

(二)期中考试评分依据

本测试题满分10分。具体评分细则如下。我们可以通过统计学生的每个步骤得分,分析学生的答题情况,了解学生所达到的数学核心素养水平,由此统计核心素养各水平人数。

由期中考试题中的表格可知,当物体的质量为3kg时,弹簧的长度是13.5cm(正确读出图表信息得2分),考查的数学抽象素养。

设 y 与 x 的关系式为 $y=kx+b$,由题目中表格可得:$\begin{cases} b = 12 \\ k + b = 12.5 \end{cases}$,解得:$k=0.5$,$b=12$,所以 y 与 x 的关系式为 $y=0.5x+12$。(设出关系式得1分,列出方程组得2分,各参数求解正确并表示出关系式得2分),考查的是数学抽象、数学建模、数学运算、逻辑推理素养。

当 $x=8$ 时,$y=0.5×8+12=16$,当物体的质量为8kg时,弹簧的长度为16cm。(解答正确得3分)考察的是数学建模素养。

在题中,一共包含三问。学生答对第一问,说明学生能够根据表格信息初步抽象出变量间的关系,即认为数学抽象素养基本达到水平一。在第二问中,学生能根据表格信息推断出变量间符合一次函数关系,并正确列出一次函数关系式,说明逻辑推理素养和数学建模素养均达到了水平一。如果学生能够继续根据表格信息列出方程组,正确求出结果并写出表达式说明学生的数学建模素养达到水平二,数学运算素养达到水平一。在第三问中,如果学生能够正确应用一次函数关系式求解,并写出答句,说明学生的数学建模素养达到水平二。如果能准确完整的写出答题过程,则说明数学建模素养达到水平三,数学运算、数学抽象和逻辑推理素养达到了水平二。

从整体上来说,这道题学生成绩的平均分为3.988分,接近4分,可以以平均分为参考划分数学核心素养水平,如表4-2。

表4-2　分数段与数学核心素养划分情况

分数段	0~4分	4~8分	8~10分
数学核心素养水平	水平一	水平二	水平三

（三）期末考试评分依据

本测试题满分10分。具体评分细则如下。我们可以通过统计学生的每个步骤得分，分析学生的答题情况，了解学生所达到的数学核心素养水平，由此统计核心素养各水平人数。

在应用题中，解：由题意得：$y_1=50+3x$；当 $0<x\leqslant30$ 且 x 为整数时，$y_1=80$，当 $x>30$ 且 x 为整数时，$y_2=80+5(x-30)=5x-70$（列出关系式得2分，分情况讨论得2分），考查的是数学抽象、数学建模、逻辑推理素养。

将 $x=50$ 代入 $y_1=50+3x$ 得 $y_1=50+150=200$，将 $x=50$ 代入 $y_2=5x-70$ 得 $y_2=250-70=180$，因为 $200>180$，所以从日工资收入的角度考虑，他应该选择方案一（正确代入得3分，写出原因和答句得2分），考查的是数学建模、数学运算、逻辑推理素养。

分析：这道题主要考查学生是否能根据实际问题灵活应用一次函数知识解决问题。

在题目中，对于第一问，学生能正确列出 y_1 函数表达式，说明学生能从实际情境中抽象出数学问题，可以认为数学抽象和数学建模素养处于水平一；如果学生能分类讨论正确求出 y_2 的函数表达式，说明学生的数学建模和逻辑推理素养达到水平二。第二问中，学生能正确应用一次函数解析式求解，说明数学建模素养达到了水平三，数学运算素养达到了水平二。

综上，学生这道题的平均分为4.1分，接近4分，同样以平均分为参考划分数学核心素养水平，如上表4-2。

五、测试结果

（一）期中测试结果分析

1.试卷质量分析

首先，对本次试卷进的难度、区分度和信度进行分析，期中考试的试卷分析如下。

（1）难度

难度反映了试题的难度水平。计算难度系数的方法有多种，本研究采用的得分率作为难度系数测量指标，其计算公式为 $P=\dfrac{\bar{X}}{X_{MAX}}$，其中 P 表示题目难度，$\bar{X}$ 为被试者在某题目上的平均得分，X_{MAX} 为该题目满分。试题难度的数值越小表示难度越大。

这道题的难度系数 P 值在 $0.4 \sim 0.7$ 之间，说明这道题属于中等难度题。

（2）区分度

区分度又称鉴别力，看测试卷能否对学生的实际程度进行区分。本文采用极端值法对各个题目的得分进行区分度检验，更好地了解学生实际能力水平的区分情况。这道题的 P 值都小于 0.05，说明这道题存在显著性差异，区分度比较高。

（3）信度

本研究采用同质性检验的方法进行信度检验，计算出克隆巴赫系数。该试卷的信度为 0.741，说明选取的两道题可靠性良好。

综合以上对试卷的难度、区分度和信度的分析，总体来说试卷的三度可以算为合格，所以我们可以采用这道题并进行分析。

2.学生成绩分析

本文选取的两道题，满分 10 分，平均分为 3.988 分，其中最高分 10 分，最低分 2 分，分差过大。高分段的人数较少，而处于 $0 \sim 5$ 分的人数比重较大。从这道题的得分可以看出，学生对于一次函数的应用掌握不佳。

3.数学核心素养的描述性分析

因为数学核心素养包括六个方面，而在三个月当中使每个核心素养都有所提升并对其测评并不现实，所以本研究根据"一次函数的应用"的知识特点，主要对数学抽象、数学建模、逻辑推理和数学运算水平来进行检测分析，其中以前两个为主要分析对象。期中考试后，我们对选取的两道大题的每一小题进行分割，确定其考查的核心素养，并对学生关于一次函数应用的答题情况进行分析，初步获得每一个学生的各数学核心素养的水平，然后充分征求指导老师和其他 5 位数学老师的看法和建议，进行修正，得出了该班学生的数学核心素养的水平划分情况，最后对每种水平对应的学生人数进行统计。

根据有关数据显示,这四个数学核心素养的整体分布情况大体一致,整体来说,这四个核心素养处于水平一的人数较多,而达到水平三的人数较少。分析原因,可能是学生第一次接触函数,思维从常量到变量还没有转换过来,从实际问题中抽象中出数学问题和建立函数模型的能力不强,因此,进行一次函数的应用微专题教学是有必要的。

(二)期末考试结果分析

1.试卷质量分析

首先,先对本次试卷的难度、区分度、信度进行分析,期末考试的试题分析如下。

(1)难度

这道题的难度系数 P 在 0.4 ~ 0.7 内,说明对学生来说属于中等难度题。

(2)区分度

这道题的 P 值都小于 0.05,说明这些题存在显著性差异,区分度比较高。

(3)信度

本研究采用同质性检验的方法进行信度检验,计算出克隆巴赫系数。该试卷的信度为 0.884,说明可靠性良好。

综合以上对试卷的难度、区分度和信度的分析,总体来说试卷的三度可以算为合格,所以我们可以选取这道题并进行分析。

2.学生成绩分析

本研究选取的两道题,满分 10 分,平均分为 4.1 分,其中最高分 10 分,最低分 1 分,分差过大。学生成绩处于中间段 4 ~ 8 分的人数最多,说明微专题教学有较好的效果。

3.数学核心素养的描述性分析

数学抽象、逻辑推理和数学运算这三者整体的水平分布情况大体一致,水平低的学生比例较大,水平高的学生比例较小;但我们发现,处于数学建模水平二的学生人数占比最大,说明实施本节微专题教学后对于学生的数学建模素养有了较好的提升。

六、结果分析比较

(一)总体成绩比较

对实验班关于一次函数应用的成绩进行检验,显著性P值小于0.05,说明实验班前后测的数学成绩有显著性差异。实施微专题教学后,低分段0~4分的人数变少,4~8分的总人数在增多,说明实施微专题的影响是正向的,尤其是对于中等学生来说有明显的效果。

(二)数学核心素养水平的比较

1.三个核心素养水平比较

可以得出各分数段与数学核心素养水平的关系,通过比较测试中四个数学核心素养的各水平的总人数。我们发现处于水平一的人数减少,且减幅很大,后两个水平的人数增加。前测中大部分学生的数学核心素养处于水平一阶段,后测中大多数学生的核心素养则处于水平二阶段。这说明实施微专题教学后,学生的数学核心素养水平有所提高。同时也说明微专题教学的实施效果是积极的,有利于促进核心素养水平的提高。

2.各核心素养水平比较

通过对比实施微专题教学前后学生各核心素养水平的变化,我们发现,整体处于水平一的学生减少,处于水平二的人数增多,说明实施微专题教学有助于学生从知识理解向知识迁移过渡,促进核心素养水平的提升。但处于水平三的学生还比较少,可能是由于施测时间较短,成效并不是十分突出。

我们进行"一次函数应用"的微专题教学着重培养学生的数学建模和数学抽象素养,施测前后两者均有明显的变化,处于水平二和水平三的人数在增加,说明我们的微专题教学案例对数学抽象、数学建模素养的培养有显著效果,同时也说明我们关于微专题的思考是有意义的。

(三)个案分析

本研究从所任教的班级中随机抽取了一位平时成绩中等水平的同学,分别对他的期中期末的答题情况进行分析,观察他的成绩和素养水平是否有变化。实验前,期中考试卷中关于一次函数的应用题他的得分是4分,实验后他的得分是8分。

根据其在试卷上面的作答,实验前,黄同学该道题只答对了两问,能够根据表格辨析出变量间的关系,抽象出数学问题,建立了一次函数模型,但忽视了一次函数中系数不等于0,说明他的数学抽象和数学建模素养基本达到了水平一;在第二问中能够依据表格信息求出一次函数表达式中k和b的值,并正确写出表达式,这说明他的数学建模素养达到了水平二。整体来说,从试验前黄同学的答卷情况来看,数学核心素养基本达到了水平一。

试验后,分析该同学的答题卡,该道题全做对,说明其数学建模、数学抽象、逻辑推理和数学运算素养达到了水平二。整体来说,黄同学的数学核心素养达到了水平二。

在上述的对比中,我们可以看到他的核心素养由水平一升到水平二,说明实施微专题教学对他有一定的效果。

整体来说,实施微专题教学不论是对学生的成绩,还是核心素养水平都有一定程度上的提升,可以说明本研究是科学有效的。对学生数学核心素养的培养是长期的,因此,围绕数学核心素养的微专题教学还需我们进一步地探讨。

第五章 基于素质教育的初中数学课堂教学诊断实践

第一节 基于素质教育的初中数学课堂教学诊断的调查研究

一、调查目的与问卷设计

（一）调查目的

本次调查的主要目的是了解在职初中数学教师对课堂教学诊断的认知程度和诊断能力，以及在课堂教学中对于数学核心素养的关注与落实。以此分析在课程标准中提出数学核心素养的概念以后，初中数学课堂教学诊断的应用现状，发现实际教学中的诊断误区和诊断缺陷，并找出其成因，给后续的研究提供实际调查数据支撑。

（二）调查问卷设计

本次调查的核心点是基于核心素养的初中数学课堂教学诊断的实际应用现状，因此，调查问卷中设置大量课堂教学诊断的理论、策略问题，调查了解教师对课堂教学诊断的认知程度和诊断行为。调查问卷中的问题主要分为三大点展开，第一点为对在职教师诊断能力和诊断行为的调查，第二点为对在职教师诊断行为侧重点的调查。数学核心素养是对学生必备的关键数学能力与核心价值观的要求，本研究中的课堂教学诊断活动是基于数学核心素养展开的。[①]因此，依据《义务教育数学课程标准（2011版）》中提出的十大数学能力、六大核心素养，在调查问卷中设置了课堂教学培育数学核心素养的相关问题，第三点即考查在职教师在实际教学中对学生数学核心素养培育的关注度和教学渗透度。

[①]王海霞,唐智松. 教师核心素养教育胜任力研究[J]. 课程·教材·教法,2020,40(02):132-138.

二、调查结果及成因分析

结合对部分教师进行访谈的结果和问卷的分析,发现以下问题。

第一,教师不能将提升学生核心素养的目标在课堂教学实践中落实。在核心素养被广泛重视的今天,大部分数学教师会参照课程标准的"三维目标"设计课堂教学活动,但对课标中核心素养的相关内容的认知仍处在表层阶段,不能将数学核心素养的培育理念内化为有意识的实际课堂教学行为。虽然近几年跟随素质教育改革的热潮,在职教师通过各种方式、平台参与了核心素养相关理论的师能培训,也认识到了素质教育培育学生数学能力、数学核心素养的重要性,但由于学生的基础核心素养存在差异性且教师在课堂教学中不易察觉,同时也因课堂时间有限,教师难免因原定教学任务而放弃进行更全面深层的素养培育。

第二,教师进行课堂教学诊断的目的缺乏广度和深度。课堂教学诊断的目的涉及多个维度,然而,多数授课教师进行诊断性的教学活动时,主要聚焦在"诊知识与技能的传授度""诊教学方法的科学性""诊师生互动的有效性"等,而较忽视学生学习的过程体验和素养提升,学生不能通过课堂教学掌握学习数学的方法,从而导致学生的数学能力难以得到提高,课堂学习的主观能动性不足等一系列问题。教师在进行诊断性活动时多是采用考试测验法,以学生的考试测验分数确定教学目标的达成情况,过度关注分数,局限了教师课堂教学诊断的视角,仅限于提高学生成绩展开局部的诊断,无法兼顾多维度的教学诊断,不利于完成培养学生核心素养的长期发展目标。

第三,教师对课堂教学诊断的认知缺乏全面性。很多在职数学教师只理解了课堂教学诊断的表层含义,并不能全面了解其实用价值和实践意义,常见的诊断行为多为课后反思,对于反思发现的问题缺乏后续的深入探究,不能完善解决方案并实施改进对策,如此就会降低诊断的效能。同时,由于对课堂教学诊断认识的表层化,不能使课堂教学诊断形成持续性的惯性教学行为。同时,部分教龄较长的教师在访谈中提到,常态化的教学方法已经根深蒂固了,在日常教学过程中很少能做到将传统教学方法与现代个性化的教学方法进行优化组合,当教学效果不佳,难达预期时,也会在网络或借助其他平台学习优秀的课堂教学案例,但多半是照搬优秀教学案例内容到课堂中,并没有挖掘优秀教学案例的本质,因而知其然不知其所以然,很难灵活驾驭课堂,这便限制了教学水平的提高,课堂教学质量得不到真正的提高。

由此可见,当前需要一套完备的课堂教学诊断理论指导在职教师实施课堂教学诊断。本研究通过理解课堂教学诊断的内涵,掌握课堂教学诊断的基本原则,明确基于数学核心素养的课堂诊断标准,开发操作性强且符合课堂教学实际需求的诊断运行机制,针对初中数学课堂教学诊断提出了一系列诊断实施策略,并呈现初中数学不同课型的实际诊断案例,给在职教师提供理论参考和实践借鉴。在职教师在课堂教学环境中实施教学诊断活动,有利于促进师生之间的了解,使教师能够准确根据学生的素养偏差设计有针对性的教学方案,采取恰当有效的教学行为,从而提升教学三维目标的达成度,促进学生数学核心素养的获得与提升。

第二节 基于素质教育的初中数学课堂教学诊断的实施策略

探讨基于核心素养的初中数学课堂教学诊断,要根据调查研究结果,以解决调查分析所发现的实际问题为目的,把握核心素养视角下的初中数学课堂教学诊断的内涵特征,明确其在实践应用中要遵循的基本原则要求,筛选科学有效的诊断方法、工具,并结合数学学科知识特点,开发设计具有可操作性、实用性的课堂教学诊断操作程序,从而为课堂教学诊断在初中数学课堂的有效落实提供科学的理论依据和正确的方法指导。

一、基于核心素养的初中数学课堂教学诊断的内涵与特征

研究发现,在职数学教师的数学思维和课堂教学诊断思维直接决定了其对数学课堂教学的诊断能力。数学思维方法主要包括代数思想、数形结合、转化思想、对应思想方法、假设思想方法、比较思想方法、符号化思想方法、极限思想方法。[1]而数学思维方法普遍具有广泛性、深刻性、组织性、批判性、灵活性和创造性的特征。基础的诊断思维形式包括诊断的推理假设、直观想象等。结合数学思维方法和教学诊断形式的内涵特征,总

---

①郑义富. 关于数学精神、数学思想与数学素养的辨析[J]. 课程•教材•教法,2021,41(07):112-118.

结出数学课堂教学诊断的核心问题表现出鲜明的建构性、探究性、批判性、实践性、系统性。从此意义上讲,本研究对初中数学教学诊断理论内涵的理解如下。

第一,初中数学教学诊断具有严格的建构性。初中数学知识普遍具有建构性,数学知识学习是一个连贯进行的过程,数学上位概念与下位概念之间存在一定的必然关系,数学命题有严格的逻辑推理结构,这就要求教师在教授新的数学概念、数学命题时,需要注意在学生已有的数学知识经验、已获得的数学技能和习得的态度的基础上进行指导迁移,建立合适的最近发展区,使学生明确数学知识之间的抽象关系,从而由点及线到面形成数学概念体系、命题网络。学生的数学素养提升和数学思维养成是以数学知识的获得为基础的,而学生的实际学情是动态变化的,这就要求教师要时刻关注学生的阶段性变化,真正了解学生的知识获取情况,教学是否有效达标,保证学生在已具备教学所需的知识水平的基础上进行数学新知的学习。此时就需要课堂教学诊断干预课堂教学活动,即通过对课堂教学活动进行全面诊断,获得学生的学习达成度、教师的教学达成度,发现待改进的教学行为和待解决的教学问题,并在"诊断—治疗—新的诊断"的循环验证修复中使教学内容更加丰满,教学质量也因此得以提高。由此本研究认为,初中数学课堂教学诊断本质是在教师指导学生建构数学知识体系的过程中实施诊断干预,发现学生学习新知的困难,找出对应的教学行为误区,从而进行诊治修复,使学生数学知识体系建构得顺利通畅。

第二,初中数学课堂教学诊断具有强烈的批判性。从形式思维的角度来看,初中阶段的学生认知水平已经达到可以理解概念、命题的本质属性的阶段,并且通过前置阶段的学习,已经掌握各种思维形式,同时,初中学生的辩证逻辑思维能力处在活跃的发展阶段,这一阶段通过教师的科学引导,有利于培养学生用批判性的辩证眼光看待问题。批判性指的是针对某些事物的认识和观点进行分析和评判。初中数学知识具有严密的逻辑性,但用数学思维解决实际问题时又存在开放性和拓展性,通常学生在学习数学知识的推理、论证及开发多角度、多方面的数学解题方法时,都需要学生具备发散思维和批判性思维。另外,在实际教学中,为了提高学生学习的积极性和主动性,教师通常会采用"苏格拉底法",改变传统的课堂教学"满堂灌",通过师生对话、辩论、质疑、论证的过程,让学生经历从感性认识上升为理性定义,这个过程也充分体现了教学过程的批判性特点。课堂教学的优化是通过不断发现问题、解决问题循环进行的,这就要求教师要对课堂教学语言、方法等诸多教学要素进行反思,分析教学问题成因,针对具体问题调整教学计划,修正教学行为。因此,无论从数学知识特点还是师生教学行为的特征,抑或是教学模式等角度分析,初中数学课堂教学诊断都具有强烈的批判性,课堂教学诊断是打破教学惯性,用质疑的眼光发现教学问题,服务课堂教学的干预行为。

第三,初中数学教学诊断具有探究性特征。基于核心素养的初中数学教学,旨在培养学生的数学抽象、逻辑推理等基本数学素养,而以学生为本的数学教学,要求数学知识的抽象、形成、推理、论证等过程都必须由学生亲自经历,这样一系列的过程本质上是学生自主探究的过程。课堂教学诊断本质也是"发现问题—解决问题—再发现问题"这样一个循环的操作过程,而发现、分析、解决问题除了可以从客观上促进教学以外,也是一个严格的问题探究程序。因此,基于以上分析认定,初中数学课堂教学诊断具有探究性的特征,诊断探究活动始终围绕教学问题展开,最终达到问题解决的目的。

第四,初中数学课堂教学诊断具有实践性特征。基于核心素养的初中数学课堂教学诊断旨在提高课堂教学有关核心素养的渗透度,本质上具有实践性意义。而课堂教学诊断的主体虽然可以是教师,也可以是学生,或者教学旁观者、参与者,但诊断的最终目的都要落实在教学的主体即学生群体中。教师虽为课堂教学的主导者,但是教学作为双方互动的活动,教师的指导需要学生的参与配合,教师的所有教学行为都是为了学生能够积极主动开展学习活动,诊断活动只有落实到学生的学习活动,才算实现了诊断的意义。切实促进学生的智慧技能形成与个性品质发展是基于核心素养诊断活动的根本目标,因而初中数学课堂教学诊断的研究既要明确其原则与要求、方法与程序,又要设定具有学科、学段特点的诊断模型与标准。

第五,初中数学课堂教学诊断具有系统性特征。课堂教学本身具有多元素、多维度、多方法等开放性特征,但其固定的主客体元素、完整且有序的教学环节都说明课堂教学也具有复杂的系统性特征,教师教学、学生学习、学教内容与学教方法一同构成了初中数学课堂教学过程的四大要素。

初中数学课堂教学诊断是基于初中数学课堂教学实践的衍生行为,其本质是对教师的教学与学生的学习过程的干预手段。也就说明,初中数学课堂教学的系统性决定了初中数学课堂教学诊断也是一个复杂且完整的系统,诊断过程要求多元素协同作用,主体间紧密合作,按照一定的方法、流程科学操作,以保证课堂教学诊断活动的完整、有效。

二、基于核心素养的初中数学课堂教学诊断的原则与要求

(一)诊断的基本原则

第一,以核心素养为指引原则。课堂教学诊断体系的设计理念是开展教学诊断的根本出发点和理论依据。《课标》对数学教学培养的人才做出明确的要求,其宗旨是促进学生综合素质的提高,中心关键点是培养学生的关键数学能力和基础数学思维以及核心价值观念,也就是其核心是通过数学课程的培育使学生能达到社会对人才的期望与要求,这与"为社会培养全面发展的人"思想基础是统一的。同样,初中数学课堂教学诊断作为课堂教学的干预手段,其相关诊断指标体系的建构、具体操作程序的开发应用以及诊断工具的选择都是以核心素养为指引,核心素养的培育是初中数学课堂教学诊断的基本思想、根本理念、关键出发点及最终归宿,这就说明初中数学课堂教学诊断与学生数学学科核心素养的发展之间存在必然的联系。

第二,以学生发展为目的原则。《课标》提出,任何教学活动的主体及核心都是学生,课堂教学诊断作为课堂教学行为的优化手段必然要保证学生的主体性原则。课堂教学的三维目标指引诊断活动的开展,而更好地实现课堂教学的三维目标亦是诊断教学、诊断活动的终极目的,从而可以说明课堂教学诊断的目标是课堂教学目标在诊断行为中的集中体现。而三维目标的实践落实主体是学生,因此,课堂教学诊断只有落实在学生的学习发展中才完成了诊断的根本目标诉求。从而实施课堂教学诊断行为时,不管是教师行为的改进还是课堂结构的优化,最终都是为了实现学生能力素养的提升。根据《课标》提出的要求,学生通过学习要达到的主要目标有:建立数学学习的基本思维方式;探寻数学课程学习的理想模型;对数学知识学习的获得进行"查漏补缺";开发数学学习的潜能,建立数学学习的最近发展区。这就要求在开展课堂教学诊断活动时,要坚持生本原则,关注

学生的学习动态、过程变化,根据学生的实际素养水平加强数学核心素养的培育,以达到诊断促进发展的教学目标、诊断目标。

第三,以课程标准为导向原则。《课标》强调了"学、教、评"一体化,其中"评"是课堂教学诊断行为的产生根源,这就说明课堂教学诊断同"教、学"一体,协同作用于课堂教学。课标中提出的核心素养内化成的课堂教学中师生的行为及教学环境是基于核心素养的课堂教学诊断的主要对象。且课堂教学诊断的诊断内容设计及课堂教学诊断的指标体系都是依据课程标准建构的,因此,课程标准不仅是课堂教学诊断的参考依据,也是课堂教学诊断的目的导向,在进行课堂教学诊断时,始终要以课程标准为导向原则,紧扣其诊断设计理念,以课程标准指导诊断活动过程,也可以课程标准反向检测诊断的有效性。

(二)诊断的基本要求

第一,诊断要科学、全面、客观、公正。课堂教学诊断要在科学的理论指导下进行,要求诊断者不仅要熟悉学科理论知识,也要掌握科学的教育教学知识技能,同时兼备课堂教学诊断能力,能够选择恰当的诊断工具、方法等。课堂教学诊断虽诊断的是课堂教学活动,但诊断行为不仅仅局限发生于课堂教学的45分钟内,诊断的时间、内容、环境可任意选择,课堂教学诊断要对课前、课中、课后的教学行为进行完整的测评、考查,不能局部性诊断,以偏概全。传统的评课、议课普遍有较强的主观性,而课堂教学诊断的结论需要有量化的数据支撑,科学地分析得出客观的诊断结论。此外,诊断者在进行课堂教学诊断活动时不能带有明显的个人主观情绪,尽可能避免依据有争议性的诊断理论指导诊断活动,要保证课堂教学诊断的公开、公平、公正。

第二,诊断应具有激励性。课堂教学诊断虽然需要发现教学中存在的问题,但不仅仅是为了发现问题。课堂教学诊断作为教学辅助工具,其根本目的是以诊断促发展,通过诊断帮助教师更好地设计教学、实施教学。诊断需要诊断者用批判的眼光发现教学问题,但并不是用批评的语言指责教师的教学,诊断的结果不仅要指出课堂教学的问题症结所在,还要善于发现并总结课堂教学的亮点。课堂教学诊断要多以激励为目的,在原有的教学基础上推陈出新,革故鼎新,力图将课堂教学方案最优化,使课堂教学更加高质有效。

第三,诊断要有针对性。教育是人类社会特有的现象,是培养人的社会活动,课堂教学诊断作为一种教学活动、教学辅助手段,必然具有一定的复杂性。因此,在进行课堂教学诊断时要注意根据诊断对象的个性特征采取适当的诊断方法、恰当的诊断标准,提出有针对性的诊断建议。诊断要结合实际情况具体问题具体分析,对于不同教龄、不同教学经验的授课教师,不同学段、不同能力水平的学生,不同课型的课堂教学等特殊情况制定个性化的诊断方案。课堂教学诊断要以解决实际问题为目标,诊断不能浮于表面,因此,在进行教学诊断时要注意与授课教师沟通交流,切实调查了解学情,有针对性地实施诊断策略。

三、基于核心素养的初中数学课堂教学诊断的方法与程序

(一)诊断的基本方法

1.考试测验法

考试测验法是教育教学中一种常见的基本教学测评方法。考试测验法通常以卷面的形式考查学生对基本知识、技能的掌握情况,但在目前的教学应用中,考试测验法普遍应用于升学选拔,过分侧重于"考"而非教学验证反馈。课堂教学诊断中的考试测验法作为一种量化诊断工具,不单独使用,主要作用是通过选定范围的卷面考试测评得到学生的教学反馈,以量化的数据为综合课堂教学诊断提供客观的数据支撑。考试诊断法应用于课前诊断,是对学生有关知识、技能、心理、态度的综合性考评预测,应用于课中是对学生知识掌握和能力发展情况的形成性测评,应用于课后,是判断教学效果的终结性诊断评测。

2.课堂观察法

课堂观察法顾名思义指的是,研究者以明确的目的进入课堂教学环境,借助科学有效的观察工具直接或间接从课堂中获取研究所需的信息资料,并对其进行相应的分析探究,以达到教师专业发展、学生素养提升的一种普适性教育教学研究方法。课堂观察法分为定性观察和定量观察两种:定性的课堂观察主要是指观察记录课堂教学实况;定量的课堂观察则侧重于借助工具参与到课堂教学中进行测量观察,包括情境测量观察法、量表观测法、三角形观察法、师生互动观察法等。根据《课标》的要求,学生在接受相应学段的教育教学的过程中,需要逐步形成适应个人终身发展

及社会发展需求的数学思维品质和关键能力,以此为课堂教学的核心对初中数学课堂教学进行观察。需要补充说明的是,课堂教学观察也需要和其他诊断方法结合使用,否则会因为观察技术干扰及观察片面、内容失真等原因而影响诊断信息的分析判断。

3. 问卷调查法

此处的问卷调查法,通常与考试测验法同时使用,协同作用。课堂教学诊断中的问卷调查法主要以问卷的形式调查了解学生知识、技能的掌握度及情感态度的基本情况,协同考试测验法使用的目的是,问卷调查法可设计多方面、多维度的开放性问题,除了考查学生知识性的问题,更多的可以通过问卷结果反映学生的情感态度,二者相结合使用,有助于诊断者分析探究更加深刻的、思想层面的教学问题,提高了诊断活动中学生的参与度,使诊断结果更加有实践性和针对性。

4. 录像分析法

录像分析法主要是利用现代教育技术及信息设备对课堂教学过程进行录制,进而诊断者可以通过观看录像对录像资料中的课堂教学内容进行分析,查找教学问题,探究解决思路,找出解决办法,为课堂教学提供改进、指导意见。相较传统的旁听观课模式,保证了课堂教学内容的完整性,降低了观察记录的主观性,减少了空间的限制阻碍,并且因为录像具有可反复观看的特点,诊断者可以根据不断变化的诊断标准,对同一节课进行多次诊断,提高了诊断的质量。另外录像分析法为教师"自诊"提供了有力帮助,授课教师可以在课后以第三者的角度再次观看教学过程,课堂教学实录给教师自我反思、诊断提供了详细完整的信息资料,提高了教师"自诊"的客观性。

5. 师生访谈法

访谈法是研究者以一定的调查目的设计访谈提纲,通过交流、互动的方式,依据访谈提纲向选定的被调查者发问,提取被调查者的答复内容中的有效信息为研究内容,进而分析得出调查结果的一种通用的调查研究方法。师生访谈法形为对话,实为调查,对话的目的、范围较为宽泛、随机,而调查范围有限定且目的单一,因此,诊断者在运用师生访谈法进行课堂教学诊断时要注意访谈对话的针对性,带着问题、目的进行有意义的师生对话,访谈问题需要提前设计提纲,在一定范围内编制访谈问题。在保证访谈效果的前提下,访谈对象可以是以一人为访谈对象的个别访谈,也可以是以多人为访谈对象同时开展的集体访谈。访谈问题受调查目的限定,但访谈的内容结构可以有所不同,因此访谈可以是封闭型的,也可以是开放型、半开放型的。需要强调的是,访谈要注意提问的灵活性,语言需要通俗易懂,提问语气和方式要适当,构建良性、融洽的访谈氛围。访谈的核心是收集调查信息,因此访谈过程中要做好记录,访谈后要及时整理、分析访谈资料。

6.量表诊断法

量表诊断法是指借助"课堂教学诊断观测量表"对课堂教学进行诊断。量表诊断将课堂教学活动分解量化成具体行为,并依据一定的理论参照标准对各诊断指标进行赋值等级打分,根据等级认定结果和分数统计结果对课堂教学进行量化诊断。

由于国内外的研究中,没有查阅到以核心素养为主要诊断依据且针对数学课堂教学而设计的诊断量表,因此,本研究通过与各专家共同探究,和在职教师的实践使用,将初中数学课分为概念教学课、命题教学课、解题教学课三种课型,依据《课标》、数学学科核心素养理念及各课型特征,参照"优效课堂"评价表,分别制作了"初中数学概念教学课堂教学诊断测量表""初中数学命题教学课堂教学诊断测量表""初中数学解题教学课堂教学诊断测量表",并将测量分为两部分指标界定,即教师行为诊断指标和学生学习行为诊断指标。该量表与课程标准中提出的课堂评议同源同体,都是以三维目标为诊断指向,都是对课堂教学中的教与学的行为进行观察评价,与课表中的"课堂观察评价量表"不同的是,本研究中诊断量表的设计对数学核心素养的指向性更加清晰,在数学核心素养的培育与实际教学行为之间建立了明确的抽象关系,为基于核心素养的初中数学课堂教学诊断提供了更加具体的量化参考依据,在实际课堂教学诊断中借助量表诊断得出的观测结果及诊断结论,可为授课教师明确指出为落实数学核心素养,其课堂教学需要改进优化的元素及关键点。

(二)诊断的操作程序

诊视、判断、改进与验证是课堂教学诊断的基本规律,课堂教学诊断的操作实施过程,本质上就是发现问题—分析问题—解决问题的过程,诊断的最终目的是对诊断对象进行不断的优化改进,因此,诊断的操作程序是一个循环往复的过程。核心素养视角下的初中数学课堂教学诊断,要兼顾突出数学学科的知识性特点和素质培育的现实需要,因而在诊断的过程中不能只将诊断对象分解量化进行独立的量化诊断,也不能凭借主观判断依据对诊断对象下结论,要将二者相结合使诊断结果更加完整。

本研究在现有的理论研究基础上,将基于核心素养的初中数学课堂教学诊断实施操作程序设计为"两环节,四步骤",即"两环节"包括"定量诊断"和"定性诊断","四步骤"包括"教学预设、信息采集(行为观测)、分析推断、出具处方"。

"诊断预设"是进行诊断的前提条件,不管诊断者是授课教师本人还是听评课的旁观者,都要在广义认知的45分钟课堂教学开始之前,对所要诊断的内容(课堂教学内容、教学行为等)进行预先的了解设计,诊断预设包含"教学预设""诊断过程预设"。

本研究是对核心素养视角下的初中数学课堂教学进行诊断,因此进行教学预设时,首先,诊断之前要明确本次诊断的侧重点是核心素养的课堂渗透情况,其次,诊断者必须熟悉初中数学课程标准和教材特点,明确课程进度,进而对所诊断的课堂教学的课型,所授的学科知识内容,教材,教学目标,教学重、难点有基本的了解,同时,对学情和教师的教学能力进行初步的调查分析,进而对本节课的教学诊断过程有初步的预设。诊断者可通过在课前查看执教教师的教学设计,对执教教师进行访谈对话,了解教师的数学学科素养和教学素养。同时可以随机对学生发放问卷调查,了解学生对数学课程的学习兴趣、对已有知识的掌握情况、对将要学习内容的预习情况等。在掌握了基本的诊断内容之后,准备好后续环节所需要的诊断记录工具、诊断设备、诊断量表等。

诊断预设为后续的诊断提供了依据、方向,使课堂教学诊断更具有目的性和针对性。

"行为观测"是指对课堂教学活动中的行为进行观察测量的过程。主要包括教师的教学行为和学生的学习行为以及师生互动等内容。

本研究的主要观测内容是体现数学学科核心素养的师生行为,包括教师的教学态度、教学方法,学生的学习态度、学生对教学内容的反馈情况等。行为观测关注的是课堂教学细节,结合第一步诊断预设的结果,通过对课堂教学的行为进行观测,可采集课堂教学中的示范性或异常性行为信息,目的是发现所要诊断的关键问题,同时明确问题的核心。为使观测结果更加全面、准确,可借助摄像、录音工具,以便进行反复观测,同时可借助"诊断观察记录表"进行辅助观测。

分析推断即对诊断中发现的问题进行分析判断,是诊断的核心内容,其主要目的是理清教学问题的成因。教学分析推断本质上是运用诊断的教学思维对照教学预设,对所采集的教学信息进行筛选、归纳整理,进而根据行为观测所发现的教学问题对有效的教学信息进行量化的评测和质性的判断的过程。当课堂教学所呈现的实际状态与教学预设状态存在的差异越大,说明"教学病症"越严重,在本研究中,主要诊断关注点是数学学科核心素养在课堂教学过程中的落实偏差问题,理清教学病症的内在肌理,即可归纳出影响课堂教学素养落实的主要因素,总结出病因。分析推断的过程要掌握教学问题的分析方法,可借助诊断量表将教学信息进行分解、量化为数据进行客观判断,同时,可根据教学实际情况加以质性判断,二者相结合使得分析结果更加全面。

出具处方即以处方的形式提出教学问题的解决途径和方法,是进行课堂教学诊断的关键步骤。根据初中学段的数学学科特点和课堂教学诊断需要,所开具的处方要包括教学病症描述、病症成因、诊断建议、优化方案等。在对症状描述时尽量使用量化的诊断结论,并用专业的教学术语和数学术语类的非主观性判断用语,阐述要条理清晰,内容具体,表象突出,问题集中。不同于医学诊断,对课堂教学进行诊断,除诊断出需要改进的教学行为外,还要明确教学中的示范性行为。诊断建议要有针对性、目的性、客观性,优化方案要具备可行性和精准性。

基于核心素养的初中数学课堂教学诊断的操作程序分为两个环节,在四步骤中反复循环体现,即实施"定量诊断—定性诊断"相结合的诊断,首先,对筛选收集到的有效课堂教学信息资料进行统计分析的定量诊断,而后再做详细分析的定性诊断,量化诊断可通过调查问卷、量表等工具进行,形成客观的定量数据等级判定,结合定量诊断结果再进行访谈对话、课堂教学观察等较为开放性的定性诊断,二者相结合弱化了量化的局限性,质化的模糊主观性,使诊断结果更加科学完整。

另外需要补充的是,诊断得出的诊治方案即处方落实到进一步的教学中后,为了检测诊断结果的有效性需要进行验证反馈,从而以此为基础开展新一轮的课堂教学诊断,因此,整个诊断程序是可以循环操作的。诊断是治疗的前提,课堂教学诊断的过程是根据教学病症判定教学病性并找出病因,从而提出切实可行的教学诊疗建议、方案,但诊断的最终目的是将诊疗方案实施在实际教学中,通过教学反馈验证教学诊断的实践意义,因此,诊断的验证反馈是课堂教学诊断的功效保障。为保证课堂教学诊断的完整性,诊断者在实施诊断活动时不仅要明确诊断目的,善于发现课堂教学中的问题,还要深入探究教学问题的成因,提出切实可行的诊疗意见,更重要的是与授课教师在诊断之后进行有效的沟通交流,确保诊疗方案形成具体的教学改进计划,进而落实在课堂教学的实际活动中,充分发挥课堂教学诊断的改进、矫正作用。

第六章 基于素质教育的初中数学探究合作式教学实践

第一节 初中数学探究合作式教学现状调查研究

一直以来,在我国因基础教育资源有限,直接导致班级学生人数众多,班级课程教学模式主要采用教师主讲、学生听课的传统授课制。[①]虽然班级授课制也有传授知识内容多、时间效率比较高等优点,但同时也存在学生学习活动单一、创新能力不足等弊端。在此模式主导下,教师的主体性作用表露无遗,而学生作为课堂的主体却受到了限制,学生对于知识学习的主动性受到限制,呈现出被动接受的局面,影响学生的创新与创造能力。

《课标》揭示了一个理想课堂的实质内涵,首先它必须是一个生命力焕发的课堂,其次它也要是一个充分实现"三维目标"的课堂,再次它还应该是一个充分展示学生潜力的、师生心灵碰撞,共同创造新思想、新思维的课堂,与此同时,它还要是一个以教师为主导、学生为主体的高效生态课堂。《课标》重点突出了学生的主体地位与价值,要求教师主动变革教学模式,从传统的教师传授知识、学生被动接受学习,转变为以学生为主体的学习方式。在教学内容的处理上,要努力与学生生活实际相贴近,构建真实的数学情境,不断激发学生的学习兴趣,引领学生积极主动参与到课堂当中,成为课堂教学的"主人"。在具体教学实践中,我们知道小组合作学习模式,与新课程理念的要求相一致,对于提升学生的主体地位,改变传统教学的生态缺失,弥补课堂的缺陷能够发挥积极的作用。

原因就在于以下两个方面,一方面知识经济时代下各行各业之间的竞争日益激烈,反映在对个体的能力要求必然会不断提升,而其中个体学习的能力与意识至关重要,能否适应社会发展的要求,与个体自身的可持续

[①]刘升.“参与式”教学的内涵与发展困境研究[J]. 教育文化论坛,2018,10(01):59-64.

学习与发展能力密切相关,这些都对我们的课堂教学提出了明确的要求,不仅要传授知识,还要提高学生的学习能力。另一方面,应对日趋激烈的社会竞争,靠个体"单打独斗"是不可能取胜的,往往需要取决于个体的团队协作精神,毕竟个体的能力在激烈的竞争中能够发挥的作用是有限的,很多工作任务的完成需要依靠团队的协作。然而,作为独生子女的一代,我们的学生往往最缺乏的就是与他人进行沟通、协作的能力。为了更好地培养学生的合作意识与协作精神,需要我们的教师在具体教学过程中,主动变革教学模式,以适应新时期对人才基本素质的要求。因此,在大力推行新课程标准的今天,贯彻落实新课程理念,就不得不进一步强化对小组合作学习模式的研究与探讨,并将其导入初中数学课堂教学,探究与分析其优势和不足,对于我们今天的素质教育改革就显得尤为重要而现实。

一、调查目的

根据实际的教学情况反映,作者发现传统的数学课成效不高,数学课是我校课时最多的课,学生课后花费在数学上的时间也很多,但是这与教学的质量不成正比。而且有些学生认为数学难的思想已经根深蒂固,还有部分学生小学数学跟不上老师教学的步伐,到了初中对数学更是失去了信心。大多初中数学教师采用传统的以讲授为主的教学模式,为了提高成绩着重练习易考题型,搞"题海战术"。长期以来形成了恶性循环,让一部分学生疲惫不堪,渐渐地学生只是死板地学习,失去了学习兴趣。希望通过问卷调查、访谈调查和班级实验对比的方法,真正地了解小组合作学习模式有没有作用,对学生有哪些方面的影响。也希望可以通过这种学习模式先提高同学们的个性发展,再培养学习能力,最后能够提高学习成绩,打造一个愉快高效的数学课堂。

二、调查方法

调查小组合作学习情况主要的调查方式有问卷调查法、访谈法和实验法,分别通以学生个体、教师、班级整体的角度展开小组合作成效的调查对于问卷调查法,制作"初中数学探究合作学习模式情况调查问卷"(学生),对某市某中学校的学生进行匿名调查来了解情况。对于访谈法,分别访谈教师和学生。了解教师数学课堂上运用该教学模式的方式方法,清楚学生在教学环境下的真实感受,对比传统教学模式在学生成绩和学生身心发展上有什么不同。对于实验法,针对某市某中学校的两个班级用实验法对比,七年一班用传统教学模式,七年四班用合作教学模式。最后,一个学期后对比两个班级的学习成绩与学年排名。

三、调查对象

为从学生的视角了解数学小组合作学习模式的课堂情况,作者从某市某中学每个学年选3个班,总共415名学生,对其展开问卷调查。调查对象均匀,该校所有班级都是平行班可以反映出相关问题。为从教师的视角了解课堂运用合作教学模式的情况,选取该校2名青年教师、2名中年教师、2名老年教师共计6名教师进行访谈,这样可以保证教师的年龄有所差异。访谈之前设计好提纲,一边交流一边对重点内容进行记录,对于想法多的老师可以征求同意录音。选取成绩各异的部分学生也用访谈法,最后,把大家的想法意见进行整理分析。为了解班级整体学生学习情况,对七年一班和七年四班学生进行实验法,对比学习成绩、学年排名和课堂表现。

四、调查问卷统计结果及分析

(一)问卷信度效度分析

这次调查发放了415份调查问卷,问卷全部收回,仅有12名同学的问卷填写得不认真,对调查无研究意义,其中有效问卷有403份,有效率为97.1%。通过学生对小组合作的兴趣、学习积极性、学习能力、课堂收获这四个方面进行调查,了解该模式在课堂中的学习效果。利用SPSS软件对调查问卷的信度进行分析,来了解调查问卷结果的可靠性和真实性,运用了Cronbach´s α系数,本文的调查问卷α数值为0.792,接近0.8,表示信度的可靠性较好。

同理,该问卷的效度分析也是借助SPSS软件进行的。旨在了解问卷的有效性和准确性,主要借助KMO值,本问卷KMO所得值大于0.7,通过表格分析得知问卷的效度很好,适合做调查分析。

(二)学生调查问卷结果及分析

根据问卷调查结果显示,大部分学生还是喜欢小组合作学习模式的数学课堂。因此,这种模式十分必要在实际教学中开展。

初中学生学习还是缺乏主动性的,大部分学生能够完成课堂上教师布置的问题。但是,只有22%的学生乐于主动完成,38%的同学单纯为了完成任务,并不喜欢学习,还有26%的同学需要组内同学或家长的监督完成,14%的学生拖沓学习甚至不学习,所以还需要用恰当的教学方法让学生乐于学习数学。在此学习过程中,同学们学习的自觉性较好,68%的学生基本可以做到课前预习知识,32%的学生预习情况差。老师要鼓励同学做好预习,这样课堂效果更好。

同时学习中存在浑水摸鱼的情况,33%的学生能够认真思考并很好地解决学习任务,这类学生能够协助其他同学完成教学任务;54%的同学能够通过小组合作学有所收获,在小组讨论的过程中解决大部分课堂任务单;13%的学生是合作学习的边缘生,不爱思考问题,等着组内同学解决问题,学习懒惰没有积极性。

根据"在小组讨论时你经常发表自己的见解的调查结果"显示,同学们没有做到全员参与小组合作,71%的同学可以做到在小组讨论中经常发表见解,该数据虽然占比很大;但是还有29%的学生不爱发表见解,这类同学可能是性格内敛或者成绩不佳造成的。但是,对学生有积极作用的小组合作应该是全体总动员的,这样才能做到不求人人成功,但求人人进步。

根据"组内同学在合作学习环节中能否听他人意见的调查结果"显示,92%的学生都能在合作学习中有所收获,其中75%的学生在小组讨论中能从组内同学那里收获知识,17%的学生能收获少许知识。因此,还要疏导学生积极参与小组的讨论,听其他同学对知识和练习题的分析,发现组内的边缘生,要加以提点。

根据"你认为教师在数学合作学习课堂中讲课时间规划的怎么样的调查结果"显示,初中学生的学习能力不足,还依赖教师的讲解,59%的学生需要教师更多的讲解,仅有7%的学生表示教师在课堂上讲的内容可以减少,调查结果中34%的学生认为教师讲的时间恰到好处,也可能当前的教学模式尚未成熟。

调查问卷最后一题无固定选项,由学生自由发挥,问卷上很多同学提到自己更加自信了,更爱在组内表达了,数学思维能力也提升了;同学中也很多说自己和同学们的感情更加深厚了,成绩也提高了;部分同学觉得自己更加喜欢学习数学了;部分同学说感觉同组同学讲得没有老师讲得好;还有同学说自己的组内有些同学不作为,不爱参加还影响讨论的纪律。有人提议人多力量大，希望增加小组人数、加强组内纪律、老师讲的内容多一点，部分反映组长讲题没有耐心、语言组织不好。

经分析该教学模式对很大一部分学生有帮助，提高了他们的团队协作精神和交流能力，同学间的感情亲厚了，大部分同学能完成学习任务，积极参与组内谈论并从中有所收获，在合作学习的过程中培养了学生的钻研精神、沟通能力和思考问题的能力。当然，同学也有不好的地方，比如部分同学不能主动学习，大多数学生都是需要帮助的，少部分同学在组内浑水摸鱼不作为。

（三）教师、学生反馈情况分析

对6名不同年龄的教师进行访谈了解到，学校的数学组每周进行一次集体备课可以一起谈论讲课方法，这个过程中教师们相互合作有所收获，每个年级组的讲课进度统一、印刷试卷统一，可以很好地做到资源共享。但是同校教师之间存在一定的竞争关系，所以部分老师的教学方法或者课件不会分享给其他教师。教师大多都认为不是所有的课都能进行该模式教学，要有选择地进行小组合作教学。有一句话说"给学生一碗水，教师要有一潭水"，教师的知识广度、备课精度决定了学生收获知识的多少，教师在授课过程中不仅要关注学生对知识点的运用，更要关注学生对数学知识的生成过程。教师们在访谈中说一定要认真备课做好各方面的预设，这样课堂效果才更好。通过观察小组学习的课堂，小部分学生参与度不高，但是大部分同学学习积极性很好，在课上组内积极发言，在小组展示时踊跃举手。最难得的是有些同学以前不爱上数学课，小组学习后爱上数学课了并能主动探究，发掘了学生的内在潜力，小组合作学习模式的确在学生的全面发展上取得了高质量的效果。

对学生的访谈要注重调查对象男女均衡，优等生、中等生、后进生成绩有所差异的学生都要涉及。通过学生的反馈得知，合作讨论的课堂更加轻松愉快，有更多展示自我的机会，在课堂中学生对问题的思考更深入了，对知识的掌握也更透彻，学习的过程中更生动有趣。有学生提到教师在组内没能照顾到所有小组，部分小组学科组长没有责任心，学习只顾自己，或是小组只有学科组长思考问题分享给大家，其他成员处于懈怠的状态，部分组内同学不爱参与讨论。简而言之，小组合作学习模式能够激发学生学习的兴趣，促进个性发展，增强课堂实效性，达到素质教育的目标，但仍然存在学习的"边缘生",不能积极参与其中。

(四)实验法结果分析

实验班七年四班和对照班七年一班入学测试平均成绩分别为67.2和66.5,某市某中学七年级组有六个班级,两个班级的排名是第四和第五,摸底成绩仅与小学成绩有关,可以反映出两个班级水平相近,基础比较薄弱;一个月后进行了一次月考,两个班级月考平均成绩分别为70.4和69.1,此时学习的知识很少,两个班级差异不明显,年级排名分别是第四和第六;期中考试两个班平均成绩分别为75.8和72.4,年级排名分别是第三和第五。此时已经初显成效,实验班四班的数学成绩在稳步提升;第二次月考两个班级的平均成绩分别为79.4和73.9,年级排名分别是第二和第四,两个班级的差距开始明显;学期末考试两个班平均成绩分别为84.1和76.8,年级排名分别是第二和第四,实验班不仅领先于对比班,进步也十分明显。

实验前两个班级课堂表现相近,一班学生回答问题较积极,四班学生学习态度更认真,作业质量相对好。实验后一班同学解决数学问题倾向于常规方法,四班学生解决问题的思路更多,许多数学问题可以一题多解,由此可见,合作学习有助于发展学生的创新性。

实验前,两个班级学习气氛不佳,学生刚从小学步入初中比较贪玩,课下很少有同学讨论问题。经过半学期的实验逐渐适应初中学习生活,班级学习氛围都有增强,在午饭后的休息时间很多同学会做作业,一班很多成绩在中上游的同学在这个时段会两两之间讨论习题,后进生较少有讨论问题的,说明学生讨论的参与度受成绩限制;四班的学生很多在组内研究问题,优等生后进生都会参与其中,学习气氛好,学生参与度也高。通过午休和下课时间教师的观察发现,实验班学生学习更有自主性,全体学生的参与度更高,学生学习更具积极性。即使不能把实验班成绩的进步全部归功于合作学习,但可以说明该教学模式对学生的成绩有积极效果。

五、探究合作学习模式应用中的问题与对策

随着课程改革的深入,探究合作学习模式走进了更多初中学校的数学课堂,很多学校公开课的评分标准中有无小组合作也成了一项评分细则。研究表明,该模式可以促进生生之间的交流,改变了传统模式中单调的师生交流,让更多学生有展示自我的机会,也体现了学生在课堂中的主体地位,促进了学生的学习兴趣和思维发展。正是由于小组合作学习模式有很多优点才得以推广,经过作者在H市第三中学校运用该模式教学的经验和课堂调查,发现小组合作学习模式也存在一定的问题,以下对问题进行总结并提出相关对策。

(一)数学探究合作学习模式教学应用中的问题

1.学生学习积极性弱,不爱思考问题

根据调查问卷的结果可以知道学生在学习中的积极性有待加强,不爱思考问题,不爱表达自己,少部分同学成了小组合作的边缘生,成功的小组合作应该是同学们积极互动,产生思维的碰撞。

2.学生学习习惯不佳

根据调查问卷的结果可以发现,三分之一的学生课前不能很好地预习,这类学生对学习比较被动,自学能力弱,这部分学生课后作业和课后巩固可能也不积极对待,还没有养成好的学习习惯。

3.教师课堂上指导作用不足

根据调查问卷结果发现,学生还是依赖于教师的讲解,部分教师在课前没有充分备课,设计好小组合作的任务单,导致课堂上小组讨论的问题没有深度,不足以促进学生思维的发展。有些教师对合作学习的态度不认真,随机分组随意讨论,教师只是组织一下课堂纪律,对各组的讨论没有进行指导,只是把课堂完全交给学生自由发挥,没有起到一个组织者、领导者的作用。

4.分组不科学

科学的分组,是顺利实施小组合作的前提,有的班级分组只是根据座位远近分配,或者根据成绩单简单分组,没有考虑到所有学生的性格、表达能力、人际关系等因素。这样导致课堂上,有的小组学生参与度低,只依赖组内一两名同学,有的小组部分学生没有机会展示自己,这对有些同学是不公平的。

5.学生对组内分工责任心弱

组内同学有担任学科组长、纪律委员、发言记录员的,而且定期更换,部分同学不能担负起自己的职务,在小组讨论中懒懒散散,没有责任心。

6.课堂参与度不均衡

各组中有些同学成绩优异或者表达能力强,在组内和班级展示中机会多。有的同学性格低调、不爱交流,课堂上总是被动地听他人发言,即使有对问题的见解也不爱表达观点,成了课堂的边缘生。

7.有些合作过于形式化,对学生成长无意义

有些合作学习中研讨的问题不适合合作学习模式,类似"命题、定理、证明""二次根式"不适合大量用小组合作学习模式,"圆""三角形内角和"适合小组合作学习了解知识的生成过程。有时一节课小组交流的次数时间过多或过少,学生只是为了讨论而讨论。比如,应学校要求在课堂上开展小组合作,有的教师觉得课堂容量大,没有过多时间,就匆匆几分钟完成小组合作。有的课堂一节课的许多环节都采用合作学习,不仅没有达到预期目标,还浪费了课堂时间。

8.学生学习过于依赖网络

随着现代信息技术的发展,学习途径也增多了,在家使用网络进行分散式小组合作学习时很多学生会使用搜题软件解决难题,这样导致学生过度依赖网络,不爱思考问题。

(二)数学探究合作学习模式教学应用中的策略

1.培养学生的团队协作能力和表达能力

针对上文提到的学生学习积极性弱、不爱思考问题、学习习惯不佳和课堂参与度不均衡,提出如下对策:在组内交流的过程中教师在班级巡视聆听各组同学的发言,教师要把课堂交给学生,引导学生说出自己的观点。对于见解独到的同学要给予鼓励,对于想法不全面或者有误差的同学不要批评,等其他同学纠正,对于不爱发言的同学教师可以询问他们对某个问题的看法并给予鼓励,以此提升学生在学习中的自信心。在班级中针对学困生在学习上要给予充分的关心。引导学生团结协作,关心同学,共同解决问题。这样的课堂学生在学习知识的同时,全员参与度提高了,还能培养学生的自信心、团队意识、思维能力、克服困难的能力。

课堂每天的前三分钟可以安排一名同学讲一个数学家的简介或有趣的数学故事,这样不仅锻炼了学生的表达能力,还能激发学生的数学的求知欲。

2.规范学生学习习惯、布置预习任务卡

针对上文提到的学生学习习惯不佳,班主任和任课教师要做好学生的思想道德教育,注重行为习惯的养成,在开班会或者课堂上对学生课前的预习、课中的学习、课后的复习的学习方式做好规范。课前预习可以布置预习任务卡片,让学生完成任务卡上预习的知识点填空,并完成3至5道基础题目,这样可以帮助学生做好预习工作,养成好的学习习惯;课中的学习要积极参与小组合作,认真听组内同学的阐述和教师的讲解;课后的复习要及时,每天对各科学习的内容进行复习回顾,每周末将一周的知识点进行整理、查缺补漏。学习是每天的知识积累,学生要养成良好的学习习惯不可以懈怠。

3.加深师生对合作学习的认识

针对上文提到教师在课堂上指导不足做出如下对策:小组合作学习模式是一种让课堂更高效的教学模式,需要加深师生对该模式的认识,不能在实际教学中表面化、形式化。学校可以培训教师小组合作学习的操作步骤,在实际教学中多加运用,让师生在合作学习的过程中体验到该模式的有效性,该模式在课堂上也会开展得更顺利。

4.科学分组,分工合理

针对上文提到的分组不科学做出如下对策,分组分工要考虑到学生的成绩、性别、能力、性格、爱好等等,保证各组能力均衡。教师对学生做好德育工作,教导同学在组内工作认真负责,不能松懈。

5.教师不断学习,精心备课

针对上文提到的合作过于形式化做出如下对策:数学家华罗庚有一句名言:"钻研然后而知不足,虚心是从知不足而来的"。教学中学科教师也要多读书多钻研,带给学生更精美的课堂。教师要学习课程标准、教育学、心理学,在备课中设计好符合课程标准和难易适中的学习任务,掌控好每个环节的教学进度,教师的教学方法要多样化,让学生在讨论中有激情、有收获、促进思维的发展,让课堂生动有趣。

6.引导规范利用网络分散式学习

针对上文提到的学生在家过于依赖网络的问题做出如下对策,需要教师、家长的共同引导。初中学生的学习大都跟随教师和家长的安排,分散式学习的初衷是为了培养学生自主探究的能力,如果学生不仅不能很好地利用网络反而过度依赖网络就得不偿失了。因此,教师要引导学生进行分散式学习:网络分散式学习有自学和群学,自学即利用网络自己预习,在这个过程中先认真看书预习,书上的例题先自己独立完成再借鉴解析看和自己的想法有什么异同。对于自己预习中有疑惑的地方可以上网搜索,再有疑惑可以标记下来在微信群或钉钉群内与组内同学研究讨论。群学指组内建微信群或钉钉群交流组长布置的问题20分钟左右,组长布置的问题要有交流价值,组内纪律委员应组织好网上交流的纪律,对于作业中不会的难题不用搜题软件,要善于自主探究。家长在学生用手机、电脑学习时要适当监督学生,发现问题及时纠正,家校的共同努力可提高学生在家学习的学习效率。

第二节 素质教育视域下初中数学探究合作式教学设计

一、探究合作式教学模式的基本概念与理论基础

(一)基本概念

1.合作学习

合作学习指的是一个复合性概念,它由多个层次的合作而构成,主要包含教师与教师之间的合作、教师与学生之间的交流、学生与学生之间的互动以及全员之间的沟通合作。基于此,我们可以将以合作为主旨的教育教学活动分为以下四种不同的表现类型。

(1)师生合作模式

所谓师生合作教学模式,就是把整个教学过程建立在师生共同活动这一基础上,把教和学的活动有机统一起来,激起学生的学习热情,使教学双方在和谐、愉快的课堂气氛中共同完成教学任务,实现既定的教学目标。这一类型的模式强调了以教师为主导、学生为主体的教育教学新理念,教师在教学过程中,通过引导学生积极参与到教学活动中来,发挥学生的主体作用,让学生成为课堂的主人,从而提高学生对于学习的积极认知,进而有效促进教师与学生之间的沟通与合作,从根本上改变传统课堂教学模式。

（2）师师互动模式

在教育教学领域，教师之间难免存在因为互相不了解、彼此之间缺乏沟通交流等状况，为了切实改变该状况，发挥教师群体之间的组织优势，使两名或多名教师在授课之前进行合作交流，共同备好一节课，进行同课异构，教师在教研组的组织下，分批上课与评课，从而达到互相启发、互相补充、互相提高的良好局面。通过该模式的实施，我们帮助教师之间进行思维的交流与智慧的碰撞，唤起新思想，树立新观念，实现"1+1>2"的最佳效能。例如，在新课程理念下，政府、学校与教师共同倡导成立的名师网络工作室，就能够比较方便地帮助教师群体之间共同来讨论课堂教学与课程发展等问题，从根本上打造形成一个富有强大战斗力的教师群体。

（3）生生合作模式

在生生合作模式中，课堂的主体理应是学生，学生应该是学习的主人，因此，课堂教学过程中要留大量的时间给学生，给学生充分沟通交流的"时空"，让学生在互相交流、碰撞、沟通的动态过程中实现心理"共振"，从而强化学生对于知识的学习与认识。这也是美国物理学家温伯特所倡导的关于学习的"共生效应"，该效应强调，在学习过程中应让学生与学生之间加强交流，呈现学生之间彼此仿效、矫正，然后实现共同发展的全过程与最终目标。

（4）全员合作模式

全员合作模式起于20世纪90年代初，以我国学者倡导的"合作教学论"为典型代表。该模式与其他三类相比较，最大的特点就在于教学过程中倡导全员参与教学活动，利用教学生态各要素之间的合作性互动来促进教学活动的顺利开展，以达到共同完成教学任务、实现教学目标的结果。

2.探究合作学习

21世纪公民所必须要具备的基本能力和素质之一就是合作精神与意识。当然，对于合作，我们不能凭空而来，主要依据后天的学习而来。为了增强未来社会公民——学生的合作意识，我们倡导在学校的教育教学活动中不仅要教会学生竞争，更要让学生体会到合作的快乐及其重要性。新课程标准特别提出要注重加强对学生合作学习意识的培养与锻炼，小组合作学习模式较为广泛地应用于中学课堂教学，以期实现变革教学形式，提升学生合作意识之目的。

何谓探究合作学习？怎样开展探究合作学习？探究合作学习指的是在课堂教学过程中,教师根据教学任务的性质及要求,组织学生以小组学习讨论为主要形式,依据一定的小组合作程序与方法,要求学生在小组中与其他组员围绕共同学习任务进行讨论与交流,从而获取知识与提升情感。具体来说,小组合作学习就是要在教师的指导下,依据教师设定的任务情境,将一个班级的学生按一定的原则分为若干个小组,每组由二至六名学生组成,在充分的组内讨论与交流的基础上,实现学生主动参与教学的目的,从而顺利完成既定教学任务的一种教学模式。

3.小组合作学习过程

小组合作学习理论与具体教学实践相结合的基础就是对于学习过程的设计,这个设计的成功与否决定了小组合作学习的顺利程度。一般而言,小组合作学习过程大体上可细分为以下几个环节。

(1)创设合理的学习情境

一个好的、合理的学习情境,能够促进合作学习的开展。因此,教师在开展教学活动之前,首先就要依据教学任务合理创设学习情境,从而提升学生的学习兴趣。在教学过程中,教师一定要尊重学生,善于倾听学生的情感与意见,给学生以精神鼓舞,为学生营造一种心理安全感,努力构建一个和谐、平等的师生关系。其次,教师要善于依据教学任务,设置任务障碍,唤起学生树立"积极互赖"的合作意识,引导学生开展合作共赢的活动,并促使其合作成功。

(2)明确学生的学习目标与任务

为了确保小组合作学习有序开展,小组合作学习方法得当,讨论富有成效,首要的任务就是要为学生设立一个明确的学习目标与任务。因此,在小组合作学习之前,教师一定要向学生介绍清楚学习的内容与教学的目标,进而阐述小组合作的方法与效果检验的评价标准等内容,同时指导小组内进行教学任务的二次分解与分配,实现小组成员共同参与教学讨论,人人都有事可做的局面。一旦学生明确了自己承担的学习任务以及在本小组中充当的角色,学生的主体功能就能比较容易被"唤醒",从而有效规避小组合作学习讨论中的盲目性,进而保障小组合作学习的实效性。

(3)引导学生进行合作与探究

老师是小组合作学习模式的组织引导者和实施者,同时也是小组合作学习的评价者。课堂小组合作学习的效果如何,与老师的组织引导和效度评价密切相关。在教学过程中,教师要帮助学生了解学习任务,并想方设法地引导学生与本组成员之间进行合作交流与探讨,这是确保小组合作学习顺利进行的最为重要的环节之一。在此过程中,教师要鼓励学生大胆交流,互相讨论,进而汇总成本小组的学习成果。在小组合作学习的过程中,教师要引导组内成员合理分工,各自承担起相应角色,肩负起对应责任,将学习任务分解到人,通过组内成员的共同合作,确保学习任务的圆满完成,从而保证小组合作学习的有效性。当然,在小组合作过程中,老师要充分发挥"穿针引线"的功能与作用,一方面要不断掌握各小组的合作学习状态与进展情况,对于进展顺利的小组要及时给予表扬和肯定,对于暂时出现合作障碍的小组,要给予必要的指导和鼓励;另一方面要在教室内不断地"巡走",将关注的目光投向每一位学生,给予学生无穷的动力和无形的期望,积极激励学生围绕学习任务开展交流与讨论,确保合作不走过场,不流于形式。

(4)组织开展交流与评价

交流与评价是探究合作学习过程的重要组成环节,是衡量小组合作学习是否成功的重要依据。交流与评价的过程,就是小组合作学习中学生进行学习成果小结与交流,然后教师依据相关情况进行信息反馈及效度评价的过程。在学生进行学习成果交流的过程中,教师不仅要鼓励学生努力表述清楚其个人或者本小组的意见,而且还要鼓励学生积极征求其他组对于本组的意见或者学会积极评价其他组的学习成果,从而达到博采众家之长的目的。教师在评价的过程中,不仅要把握好对于学习过程的评价以及学习结果的评价的内在统一,还要注重将对小组整体的评价以及对小组成员个人的评价相结合。在对小组合作学习效度进行评价时,不仅要评价整个小组任务的完成情况,还要评价组内每一个成员的参与度如何,在合作过程中个体的创造性怎样等问题,从而激发小组内成员的团结协作意识与合作学习精神。

(二)理论基础

合作学习理论基础扎实,来源广泛,涉及许多领域,汲取了当代国内外教育科学的最新研究成果,具有一定的先进性和科学性,这也是合作学习理论的精髓要义之所在。其理论基础主要涵括以下几方面。

1.动机激发论

动机激发论的倡导者认为,学习动机是在人与人之间交往、交流过程中产生并发展起来的,是影响学生开展学习探究活动的重要因素之一,它始终贯穿于学习活动当中。在教学过程中,激发学生学习动机最为有效的手段就在于构建一个类似"利益共同体"的良性机制。这种"利益共同体"在教学活动中,可以通过诸如合作性的目标结构、恰当的任务分工、合适的角色责任、集体性的奖励表彰等形式来呈现。比如说,在小组合作学习过程中,鉴于个体成功与小组成功的目标高度统一,基本满足合作性的目标结构要求,因此,一方面要引导学生清醒认识到小组合作过程中帮助其他人其实质就是在帮助自己,另一方面也要让学生意识到其他人的优良表现也同样有利于自己。此外,通过运用恰当的任务分工,也可以让学生承担起合适的角色责任,并让学生认识到自身价值的不可替代性及重要性。还有像集体性的奖励表彰,其实质也在于肯定小组的成功不是源于某一两个人的努力付出,而是有赖于全组成员的同心协力与通力合作。

2.认知发展论

认知发展论的倡导者认为,儿童的认知发展和社会性发展是通过与同伴之间的相互作用而得以促进的。在儿童的发展中,所有的高级心理机能都是两次生成的:第一次是作为集体活动、社会活动,即作为心理间的机能;第二次是作为个体活动,作为儿童的内部思维方式,作为内部心理机能。即人们高级心理机能的发展是通过人们的交往实现由外而内的内化过程。在教学过程中,我们可以借鉴对于"最近发展区"这一概念的理解,来加深我们对于学生认知发展论的理解,众所周知,"最近发展区"体现的是学生的实际发展水平与学生的潜在发展水平之间的一种差距,这种差距在通过成人的指导或与能力较强的同伴之间进行合作可以有效地缩短乃至于消失。因此,在小组合作学习过程中,可以激发小组内不同成员之间的争论、协调、讨论、交流等等,从而实现小组成员围绕某个问题达成基本的共识以及提出合理的解决办法。

3.建构主义理论

建构主义理论对于小组合作学习具有重要的指导意义。知识建构论认为:"人的知识结构的形成,一方面离不开个人主体的活动,另一方面也离不开主体交往。从根本上讲,人的知识是社会生活中不同主体之间建构的产物。"因此,在知识的学习与获取过程中,我们可以通过人与人之间的交互作用实现。人的交互作用的本质是指个人在知识的建构中必须依靠意义的共享与协商,人际关系最基本的形式应该是合作而不是权威型的命令或控制。可以说,建构主义理论非常重视人与人之间的合作与交流,在知识的学习过程中,要进一步增强学生与学生之间的沟通与合作。

4.需要满足论

需要满足论的倡导者认为,对于学生而言,学校是满足其内心心理和感情需要的最重要的场所之一。学生在学校里面的各种学习与生活活动,无一例外都是在积极寻求一种与他人进行良性互动的途径,从而满足自己在友谊、自尊等等方面上的内心需要。因此,学生对于交往、尊重等各方面的需要都必然会影响到学生对于课堂知识的喜好程度。在课堂教学过程中,教师只有想方设法创设条件满足学生的内心需要,才能够更好地唤起学生对于学习的主动性与积极性,从而获取学业上的成功。我们应该正视,不少学生正是因为不具备被他人所尊重的内心需要,不能得到对他人的影响的回应,才会导致这部分学生"逃离课堂",因为他们在课堂上根本难以得到他人的认可,从而将目光转向校外以获取让自己满足需要的机会。因此,在小组合作学习过程中,依据需要满足论,我们需要大量开展小组成员之间的互助学习,倡导小组成员之间树立彼此尊重、相互交流、共享成功的基本价值观,从而实现学生内心的基本满足。

5.教学技术论

教学技术论的倡导者认为,课堂的学习质量会受到诸如任务结构、奖励结构与权威结构的影响。就任务结构而言,在教学过程中,对于任务的组织形式,一般可以划分为班级教学、分组教学与个人自学等三种情况。就奖励结构而言,在教学过程中,可以面向全班、小组或个人进行激励表彰,也可以按照竞争性行为或者合作性行为进行奖励表彰。就权威结构而言,在教学过程中,要打破教师的单一权威地位,建立师生平等的课堂结构。

二、素质教育视域下探究合作式学习在初中数学教学中的意义与设计策略

"学会与人合作,并能与他人交流思维的过程和结果"是《初中数学课

程标准》的基本理念之一。[1]在初中数学课堂教学大力实施小组合作学习模式，不仅是落实新课程标准的积极尝试，也是改善数学课堂生态环境的有益探索，对于提高学生的合作意识等方面有着及其重要而又现实的意义。

（一）探究合作学习模式在初中数学教学中的意义分析

对于初中数学教与学而言，小组合作学习的主要表现形式为小组内各成员之间的自由讨论、认真争辩、科学表达、积极倾听以及参与活动实践。通过小组合作让学生成为自己进行数学学习的主人，自主体验学习的各个过程及要求，用自身的实践活动来强化自我对于现有数学知识的理解。

在具体的数学教学过程中，教师不再是单纯的知识传授者，学生不再是被动的学习接受者，课堂不再是教师的"一言堂"。在课堂上，学生是数学活动的主体，通过教学活动实践引导学生加强合作与交流，让学生自我体会合作的意义与价值，感受数学知识与实际生活之间的密切联系以及数学知识的广泛实用性，从而让数学走入学生的日常生活，不断提升学生应用数学的能力与水平。与此同时，通过大力实施小组合作学习模式，教师积极引领学生参与教学实践活动，从而不断培养和发展学生的实践精神与合作意识，在应用的过程中积极找寻小组合作学习模式的不足并加以改正。

在初中数学课堂教学中大力实施小组合作学习模式的意义主要表现在以下几个方面。

小组合作学习有利于实现初中数学教学的多边互助，打破了传统数学课堂教学模式的桎梏。在小组合作学习模式中，教师为每一位学生都创造了平等参与教学活动的机会，学生们可以自由地表达自己关于数学知识学习的思想与感受，也可以倾听其他同学关于知识学习的总结与体会，从而获取不同的学习体验。与此同时，小组合作学习比较于传统课堂教学形式，不仅增加了学生与学生、学生与小组、小组与小组、学生与教师之间的沟通机会，而且还在一堂课上实现了由单一互动关系向多向互动关系的转变，彻底变革了现有的课堂教学模式，改善了数学课堂生态环境。

小组合作学习能够有效兼顾学生在数学知识学习中的差异表现。我

---

①于颖,谢仕兴,于兴华.青少年数字素养培养的必由之路:问题解决[J].中国电化教育,2022(06):56-63+88.

们都知道,对于个体而言,在数学知识的学习过程中,总是会存在着个体之间的差异,每一位学生都是自己学习的主人,都是不可替代的学习个体,如何让每一位学生在数学知识学习过程中收获成功,成为摆在我们面前不得不面对的现实话题。在小组合作学习过程中,我们更加注重班级教学、小组讨论以及个别指导的有机统一,对学生的个体差异进行统筹考虑与设计,并将其作为一种独特的教育教学资源加以科学运用,帮助每一位学生都能获取成功的喜悦。

小组合作学习能够发展学生的数学思维,提高学生的数学学习效率。数学教育的一个重要目标就是培养学生用数学解决生活问题的能力。数学是一门实践性非常强的科目,小组合作学习能为学生提供广阔的数学思考空间,对学生数学思维能力的培养具有极大的促进作用。在小组合作学习过程中,教师依据本节的教学内容,科学设计数学情境,然后指导班级学生进行分组,在同样的问题情境下,要求每个小组和每一位学生都必须按照角色分工承担自己的义务,拿出解决问题的措施,共同分析问题,迫使每一位学生都要积极开动脑筋来思考并解决问题,从而发展学生的数学思维。在小组讨论的基础之上,将基本方法与基本结论在班级进行展示,进而经过全班同学的再修订,从而形成个比较完备而又科学的方案。在此小组合作的过程中,数学学优生的基本数学思维往往是被接纳的,而对于数学学困生而言,他们也在小组合作讨论的过程中通过互补与互动的方式学到了知识,提升了能力,进而提高了班级整体的学习效率。

(二)探究合作学习任务设计策略

对于初中数学课堂教学而言,实施小组合作学习模式具有重要而现实的意义。但是,绝不是所有的数学章节内容都可以采用小组合作的方式进行教与学,而需要教师先对教学内容进行科学分析。一般而言,对于比较简单的数学学习任务,比如数学概念的学习,往往只需要教师面向全体学生进行班级授课或者设计导学案引领学生进行自主学习。一旦面对较为综合而又与学生生活实际密切相关的数学应用知识,通常就可以在教师预设好的数学情境中采用小组合作学习模式进行课堂学习。因此,对于每一位初中数学教师而言,要想确保小组合作学习顺利、成功,必须要具备一个重要条件,那就是教师对于学习任务的合理分析与科学设计。

1.依据教学内容,科学设计开放性学习活动

对于课堂教学任务而言,一般可以分为封闭式任务和开放性问题。不同的任务类型,决定了我们需要采用不同的学习方式。就封闭式任务而言,往往只有唯一的正确答案,对于学生的学习来说,个体之间的差异较大,往往会产生数学优异生可以较快给出答案,而对于数学学困生来说,就存在一定的认知障碍。在此情形下进行小组合作,极易导致学困生依赖于学优生来获取答案的现象出现,这样的小组合作就会流于形式,对学困生毫无帮助,小组合作的努力也会变成一种幻想。因此,教师要正确区分教学任务,对于封闭式的教学任务,不宜采用小组合作学习模式。就开放性问题任务而言,学生可以探求多种不同的问题解决途径,获取不同的答案也未可知,当然开放性问题任务往往也会存在一定难度,这也就是我们进行小组合作学习的重要基础,为我们实施小组合作学习提供了可能,无论是学优生还是学困生都可以找到自己的任务及定位,在挑战中实现自身的价值,确保全员共同参与教学活动。

2.依据《课标》理念,强化对学生的情感关注

在新课程理念看来,关注学生的情感与传授学生知识同样重要,因此,我们在初中数学课堂教学过程中,一定要依据学生的情感发展规律进行课堂教学活动设计,引导学生在获取数学知识的同时,更加重视情感的发展。因此,小组合作模式对于关注学生的情感需求很有指导意义。小组合作学习的任务设计应结合初中数学课程理念,不断强化对学生的情感关注。具体来说,首先,在数学课堂教学的起始阶段,要努力创设问题情境,从而唤起学生的学习兴趣,激发学生的学习动机,帮助学生不断明确自己的学习任务,引导学生自觉投入学习过程;其次,在数学课堂教学的实施阶段,教师要不断激发学生主动学习的热情,通过为学生设置疑问、创设数学情境等方式,使学生的知、情、意高度统一起来;最后,在数学课堂教学的结束阶段,教师要对课堂教学情况及学生小组合作学习的效度进行评价反馈,促使学生体验到学习上成功的喜悦,从而保持学生旺盛的求知欲。

3.注重分工需要,使合作任务具有合作性

小组合作学习是以小组为单位的学习方式,因此,其任务设计应充分考虑小组各成员分工的需要,换言之,学习任务的完成必须依赖于小组内

成员的共同努力,并能把总任务分解成小组内不同能力类型的学生都能独立完成的分任务。这样可以充分调动小组内每个成员的学习积极性和主动性,让学生体验到合作带来的效率,另一方面也能促进小组成员间情感的交流,促进合作意识的增强和合作能力的提高。

4.教师在合作学习上应有准确定位

在小组合作学习模式中,教师与学生是平等的,教师不再是单纯的知识传授者,而是小组合作学习的组织引导者,更是小组合作学习讨论的方向指引者。教师通过任务及情景的创设,提高学生对于小组合作的学习积极性,同时不断协调各组之间的平衡关系,关注组内成员之间的合作进展,确保小组合作不流于形式,确保小组成员之间的良性互动与交流。因此,对于教师而言,在小组合作学习模式中,不仅要展现出自己对于知识的理解水平,还要具备相当高的组织管理能力,要善于利用每一次合作学习任务,让学生切实提高自己的能力与水平,达到学有所得、学有所成的目的,在小组中感受到合作的愉悦,切实获得知识与能力水平上的进步。

5.鼓励学生充分运用发散性思维,多维度思考问题

在小组合作学习模式中,教师要鼓励学生大胆运用发散性思维,积极引导学生从多个角度、多个方向思考问题,并善于采用不同的学习方法去解决实际数学问题,防止绝对化思维的出现。具体来说,就是要在初中数学教学过程中,一方面要鼓励培养学生进行大胆质疑,从不同思维视角去审视问题,积极寻找解决问题的各种办法;另一方面要引导学生大胆进行数学猜想,然后小心进行论证,不断发展学生的逻辑思维能力,帮助学生努力克服在问题解决中存在的思维定式,培养学生举一反三的能力,并学会触类旁通的思维方法,从而拓展学生的问题解决思路,进而提高学生在数学学习过程中的自主探究能力,实现知识学习的能力迁移。

三、素质教育视域下初中数学探究合作式教学设计

(一)素质教育视域下初中数学探究式单元整体教学设计分析

1.单元整体教学模式概述

在初中数学教学中,我们常能发现这样的问题:某些数学知识点,其后续内容被编排到了教材中的下一个单元甚至下一册教材中,造成数学知识点的割裂,为教师深入讲解知识点带来了不便。长久实施这样的教学,学

生脑海中的数学知识体系将很难成功构建起来,新旧知识点之间的关联性不足,学生自然难以实现对这些知识点得心应手地应用。为解决这一困境,单元整体教学模式应运而生。

单元整体教学模式,简单来讲就是在把握学科内在规律的基础上,对各部分知识点加以整合,将学习目标与学习过程深入结合起来,重新制订教学计划,依照教学目标重新架构单元教学的一种教学模式。相较于传统的教学模式,单元整体教学更加强调对教学整体性的凸显,将单元知识视作一个整体,依据本单元的具体教学计划,开展各项教学活动,对提升课堂教学效率与效果而言,具有明显的优势,有助于学生核心素养的发展与科学认知结构的形成。

2.初中数学单元整体教学设计的必要性

单元整体教学模式,实际上是对当前前沿教育研究成果的一次成功融合,体现了新课程改革的诸多新理念。

通俗来讲,单元整体教学设计的主要任务,就是引导教师将课堂教学从传统的"针对教材展开教学"变成"运用教材展开教学"。在实际的数学教学中,虽然一个班级的学生使用的数学教材是统一的,但这些学生,在学习水平与学习特点上总会呈现出不同,同时,不同学生的认知特点与学习需求也往往是迥异的。而实施单元整体教学设计,有助于强化教师的"学生意识",引导教师充分关注自己所教的学生的认知特点、学习需求、实际学情,充分尊重学生在课堂中的主体地位,将新课改的理念真正落实到课堂教学实践过程中,最终解决上文所述的问题。此外,对单元整体教学的实施,还有助于改变过去教师以"教学内容"为单一视角考虑教学设计的惯性,提升教师教学设计的科学性,提升学科教学品质,进而提升课堂教学的丰富性与多元性。学校的教学教研组、备课组,在单元整体教学模式的推行下,也能够更为有序地展开各项教学研究。教师能够突破传统备课工作中存在的逻辑混乱、杂乱无序等问题,真正提升课堂教学的效率与效果。

3.初中数学单元整体教学设计的原则

对任何教学模式的应用,都应建立在对学科教学本质的充分把握上,特别是对学科的总体目标的把握,能够对教学设计产生突出的影响。一般来讲,知识与能力的内在逻辑关系,是不受教材中固定的章节顺序的束缚的。当一个学科的知识、能力结构框架过于复杂时,教师可先编制课程、单元之间的结构关系图,再依次完成对各单元知识与能力结构框架图的绘制。

对数学学科而言,进行单元整体教学设计时应以教学内容为明确主线,而学生在学习过程中掌握的多种思想方法可作为单元整体教学设计的潜在主线。同时,在教学设计的过程中,教师也应注意如下要点:首先,以数学问题作为教学的出发点,为学生提供具有启发性、探究性的问题,启迪学生的思维;其次,确定好课堂活动形式,保证课堂活动设计能够服务于单元整体教学;再次,设计好课堂探究活动,以及师生、生生互动环节;最后,针对学生在学习过程中掌握的知识与达到的能力水平,进行教学评价。

基于学校特色,在进行单元整体教学设计时,教师也应加强对学校特色的考虑。当前,不少学校借助多种研究课题、研究机构,在统一思想的指导下,形成了一套颇具学校特色的教学设计规范,这种基于学校特色的教学设计规范,对教师展开单元整体教学设计,其实具有重要的参考意义,同时也有利于本校教研组的规范管理,以及学校的校本研修。

基于学生学习基础,加强对学生个体发展的关注,是我国基础课程教育改革的重要出发点与基本目标之一。我国《基础教育课程改革纲要(试行)》中提出了如下要求:教师应加强对学生个体差异的关注,以满足不同学生的学习需求为目标展开教学设计,营造出能够引导学生主动参与学习的教学环境,催化学生的学习积极性,培养学生能更为灵活地运用知识的能力,培养学生的学习态度,让每个学生都能够在课堂学习过程中得到更多的发展。由此可见,对初中数学单元整体教学的设计,必须建立在对学生学习基础的考量之上。此外,新课程标准也对教师重视学生的个性化发展,以及良好学习习惯、合作关系的养成做出了明确要求,这更体现了初中数学单元整体教学设计尊重学生学习基础、保证学生个性化学习的必要性。

基于教师的特长,我国教育领域对教师教学设计能力维度的划分,更侧重于对教师教学设计特点的体现。有学者将教师的教学设计能力做出了如下六个维度的划分:对教学任务展开分析的能力;对教学对象展开研究的能力;对教学目标展开设计的能力;对教学策略合理选用的能力;对教学媒体展开应用的能力以及对课堂教学评价展开设计的能力。整体而言,教师在单元整体教学设计中应当完成的任务如下:提供技术支持,让知识能够顺利实现从教材到学生脑海的迁移;依据教学总体目标,划分出各个教学单位;研究本学科课程标准以及教材的要求,在此基础上展开教学设计。由此可见,教师的教学设计同样也应遵循"以人为本"的现代教育理念,在关注学生的学习需求的同时,也关注自身对教学设计的实现度,基于自己的教学特长展开教学设计。对数学学科的单元规划,教师应充分发挥自身的主动性与创造性,对同样的教学内容,可以设计多种不同的教学设计方案,提升教学多样性,保证学生能够在课堂学习中得到更多的收获。

4.初中数学单元整体教学设计策略

明确单元整体教学目标,对任何教学模式的应用,最为首要的步骤都是设计一个明确的教学目标,为后续的教学工作指明方向。教师在设计单元整体教学目标时,应以教学内容为主要的参考依据,同时将单元学习目标及时告知给学生,让学生明白为什么学、该学什么,让学生能够始终保持清晰、鲜明的学习思路,提升学生的学习效率与学习质量。需要注意的是,在设计单元整体教学目标之前,教师应从"学完本单元知识内容之后,学生如何实现学以致用"这个角度展开考虑,明确教学目标对整体教学活动的开展以及教学效果的提高有何意义。以"一元二次方程"单元整体教学为例。教师可设计如下的单元整体教学目标:掌握一元二次方程的基本形式,且熟练掌握以判别式判定方程是否包含实根的方法;掌握在多种问题情境中,对一元二次方程的多种求解方法与求解过程,提升数学运算能力;能够得心应手地使用多种方法求解方程,包括配方法、因式分解法、公式法和直接开方法等;针对数学实际问题情境,能够运用题目给出的已知条件,建立数量关系方程模型,能够体会数学学习的实用性与重要性,形成积极的学习态度;能够运用一元二次方程验证问题情境是否合理,使深度思考能力、问题探究能力、巧解难题能力得到提升;在分组讨论、合作学习活动中,提升团队协作能力。

借助知识迁移,重构单元整体结构,数学科目的知识,不论是新旧知识还是某个单元知识的内部知识点,彼此之间都具有紧密的联系,是有规律可循的。教师可运用单元整体教学模式,将本质相同的知识点连接为整体性的知识结构,借助学生的认知规律,实现知识迁移,保证学生能够在单元整体学习中得到更多的收获。以"锐角三角函数"单元整体教学为例。教师可先引领学生回顾三角函数的概念,明确认识三角函数与直角三角形密不可分的关联性,同时巩固学生对自变量、因变量的认识,推动学生在脑海中构建新旧知识点的有效链接;接着,教师抓住知识点之间的连接点展开归纳,例如,以30°角对边与斜边的比值分析,自然引出45°角与60°角的对边与斜边的比值,最后引出锐角正弦的概念,再将概念迁移出去,最终引出正切、余弦等概念;接着,教师对上述所有数学概念展开统一的辨析,并引领学生将这些知识灵活应用到直角三角函数的学习中,提升学生的学习效果。总之,在这种单元整体教学模式下,学生能够更为准确地把握各知识点之间的联系,实现对知识的有效迁移,得到丰富的学习收获。

把握章节单元知识点之间的逻辑关系,整体而言,初中数学教材的内容相对繁杂,章节单元中的知识重、难点繁多,同时整体知识之间的逻辑关系,以及单元内部知识之间的逻辑关系,不经教师的有效点拨,学生往往是难以掌握的,为学生构建完善的数学知识体系带来了诸多困难。因此,把握章节单元知识点之间的逻辑关系,也可作为教师实施单元整体教学的重要着眼点。

为达到良好的单元整体教学效果,建议教师在平时加强对数学知识体系逻辑结构的分析。如"数与代数"就是初中生学习数学的重要板块之一,教师可从这一思路出发,探讨学生在初中三年中,究竟会学到哪些属于数与代数板块的知识,从宏观视角上把握教材结构,结合初中生对知识的接受程度与认知规律,编排好数学知识单元。通常情况下,初中生学习"数与代数"相关知识,会经历三个阶段。第一阶段,学生会先学习与有理数整式、一元一次方程有关的基础代数知识;第二阶段,学生会学到与实数、一次函数、二元一次方程组、一元一次不等式、一元一次不等式组、因式分解、分式有关的难度稍高的代数知识;第三阶段,学生对代数的相关知识已经形成了较为牢固的认知基础,因此,此阶段中学生学习的重点是一元二次方程、反比例函数与二次函数等,这体现了学生学习初中数学知识的次序,也体现了教材章节、单元编排层层递进的逻辑关系,教师在进行单元整体教学时应做好对如上知识体系的梳理,让数学教学变得更为有的放矢、有章可循。

在完成了对数学教材单元逻辑结构的梳理后,教师可进一步细化归纳某一数学知识点与其他知识点之间的关系,在课堂中,将这种关系及时告知学生,方便学生构建数学知识体系,形成对单元知识点的深化认识。以"因式分解"单元整体教学为例,教师可带领学生梳理相近知识点之间的逻辑关系,例如,对多项式解题中因式分解的"降次"的掌握,便能够为学生学习后续的一元二次方程知识提供一定的基础。在因式分解的单元整体教学中,教师可将一元二次方程左边多项式的降次作为切入点,逐渐为学生传授因式分解的概念与含义。在学生进行解分式方程的练习过程中,教师也可引导学生对一元一次方程的解法展开类比,通过一题多解教学方法,让学生能够熟练地将分式方程转化为整式方程,轻松突破数学学习中的重点与难点,同时实现对学生归纳能力以及表达能力的培养,让学生能够更为清晰地感知各知识点背后精妙的逻辑关系,对数学知识的系统性与逻辑性产生更为深刻的认识。

以"三学"作为单元整体教学的方向,在应用单元整体教学模式的过程中,教师应坚持将"三学"作为教学活动的设计方向,即"学生为核心、合作学习、自主学习发展",从本质上来讲,就是将课堂的主动权交给学生,引领学生通过自主探究,完成数学学习,通过自主构建知识系统,获得更具个性的学习体验。为强化"三学"理念在单元整体教学中的渗透,教师应不断丰富、完善、拓展自身的教学内容,让碎片化的教学资源能够充分联系在一起,同时依据学生的学习水平、认知能力、心理动态,适时调整自己的教学方案,展开科学合理的单元整体教学。

以"平行四边形"单元整体教学为例。这一单元的教学目标主要为:让学生了解平行四边形的概念、掌握平行四边形的基本性质、掌握平行四边形的判定方法。在教学与平行四边形性质相关的知识内容时,教师可打破传统的教学方法,别出心裁地创新教学设计,例如,首先,让学生就平行四边形如何判定展开自主探究,找到新知识与之前所学单元内容之间的逻辑关系;其次,教师可引入例题展开教学,让学生在对例题展开反复推敲的过程中,掌握平行四边形的判定方法,进而掌握平行四边形的性质;再次,教师可要求学生展开反复练习,在练习过程中,不断纠正自己在学习中的谬误,取长补短,实现提高;最后,教师可让学生以小组为单位,开展对综合性习题的答题练习,在这一过程中,提升学生的解题能力、知识应用能力。

精心选择单元整体教学方法,将单元整体教学模式引入初中数学课堂,实际上很考验教师的教学水平。近年来,随着教学改革的深化落实与现代教育事业的蓬勃发展,多种新颖、先进的教学理念、教学方式应运而生,为教师改良数学教学提供了诸多的支持。在进行单元整体教学的过程中,教师应加强对多种先进教学方法的研究及应用,最大化发挥单元整体教学的优势,取得更为良好的教学效果。

在实际教学中,建议教师结合单元整体教学内容的实际特征,甄选教学方法。如在教学"图形的平移与旋转"一课时,教师就可加强对"情境教学法"的应用,利用多媒体设备,为同学们展示一系列生活中常见的、体现了平移、旋转知识的事物,之后引导学生结合过去学过的知识,对这一知识点展开探索,更好地梳理数学知识的体系,令单元整体教学模式发挥出原有的效果;再如,"思维导图"也是一种很适合被教师应用至单元整体教学中的教学工具、教学方法。具体而言,该教学方法由英国心理学家Tony Buzan发明,主要以图文并重的方式,展示大脑的放射性、发散性思维,与数学教学有着较高的适应性。在进行单元整体教学时,教师可利用这一思维工具,帮助同学们更好地梳理各数学知识之间的逻辑关系,展现知识主题的层级与结构,让学生更好地进行单元式学习,取得更为良好的教学效果。

加强教学活动衔接设计,初中数学知识相较于小学数学知识,抽象性、逻辑性、严谨性更为明显,应用单元整体教学模式进行教学具有一定的科学性与有效性。但在教学过程中,教师须重点加强对各教学活动的衔接设计,在把握课堂教学整体结构的基础上,以一系列合适的教学方法,增强数学知识的前后衔接性,以便于让学生在学习新知识的同时,完成对旧知识的复习与巩固,促进学生整体数学思维的形成。

如在教学"特殊的平行四边形"一课时,教师可引导学生回顾过去学过的与"平行四边形"有关的知识内容,之后利用思维导图、知识树等工具,梳理菱形、矩形、正方形、平行四边形的特点及层级关系,归纳判定方法,深化学生对平行四边形相关知识内容的掌握,让学生更好地将这部分知识内容迁移到脑海中的数学知识体系中,实现有效学习。

加强对学生数学思维能力的培养。对单元整体教学模式的应用,除有助于强化学生对基础知识以及重难点内容的掌握外,还有助于强化学生的数学思维能力。教师可对单元整体教学的习题展开巧妙的设计,让学生在完成习题的过程中,在分析问题、找寻答案的过程中,使思维能力快速地提高。

例如,在整体教学"一元二次方程根和系数的关系"相关知识内容后,教师便可设计如下的问题:方程 $x^2+(2m-3)x+m^2+6=0$ 中,两根之和为两根之积的1/2,求解 m 值为多少?这道题看上去不难,但学生在实际解题中还是容易出现诸多错误,归根结底还是学生对单元基础知识、重难点内容的掌握不佳,同时许多学生在解答完毕后也未采用判别式验证答案,导致解题错误;此外,教师还应在这一环节中,设计一些变式训练题,让学生运用求根公式,对一元二次方程的一般形式的两根和与两根积与系数的关系展开推导,让学生的数学思维更为灵活;在学生应用定理的过程中,教师也可引导学生通过自主探究,发现并归纳应用定理时的注意事项,例如,方程须是一般形式、方程须有实根、方程须是一元二次方程等,并对公式的结构特征展开总结,这不仅有助于培养学生的数学思维、数学表达能力,还有助于培养学生治学严谨的数学学习态度,以及对知识融会贯通、举一反三的能力,最终整体提升学生的数学核心素养。

设计整体化的单元作业。对单元作业的设计及布置,是单元整体教学的最后一个环节,是教师检验自身教学效果、学生检验自身学习成果的重要途径。为进一步提升单元整体教学效果,教师需切实加强单元作业设计。实际实施中,建议教师从单元知识的实际特征出发,对各种零散单一的知识点及习题实施整合重构,为学生提供更为全面、详细、系统的单元作业,一定程度上弥补课堂教学的不足,帮助学生更好地完成知识衔接、知识迁移与知识建构,增强学生对单元知识的掌握,实现对学生知识应用能力的培养。结合课程改革"学生是课堂的主体,教师是课堂的组织者、参与者与引导者"的教学理念,在这一环节中,非常推荐教师将作业设计的主动权下放给学生,让学生结合自己对单元知识特别是知识结构的理解,设计层次化的数学作业,引导学生自觉结合已有经验,设计单元习题并完成解答,更好地感受知识衔接、知识迁移、知识体系建构的全过程,促进学生数学核心素养的生成发展。

综上所述,在初中数学教学中应用单元整体教学模式,对教师教学任务的高效完成与学生数学学习水平的迅速提升皆具有重要的作用。在教学设计中，教师应从整体出发，由浅入深、由散到整地整合各项单元教学资源，实施有效的单元整合教学，让学生能够准确地把握各知识点之间的联系，提升学生的学习效果，推动学生进一步成长与发展。

（二）素质教育视域下基于探究合作学习初中数学课堂教学设计

1.探究合作学习的教学目标设计

（1）小组合作学习的目标定位

有效的小组合作学习，可以促进学生在数学上的发展，不仅对学生学业成绩的提高具有积极的推动作用，还有助于合作交往能力的提高，其目的具体表现在以下方面。

促进学生主动探求知识，并在合作学习中发展能力。小组合作学习有利于调动学生学习的积极性去探求新知识，有利于师生和生生之间的互动与情感的交流，它是学生独立思考，自主探究后的再认识与提高，它大大地提高了学生学习的效率，通过小组成员的讨论与交流，分享彼此的收获，活跃了思维，深化了对新知识的认识，同时也发展了思维能力。

培养学生的合作意识。小组合作学习能让学生体验探究知识过程，通过合作解决自己很难解决的问题，使学生体会到小组合作学习方式的优越性，在合作学习中不仅增强了学生的合作意识；并且在合作学习中学会倾听、学会沟通、学会交往、懂得尊重等，同时也培养了学生的团队精神。

丰富学生的情感，促进良好个性的形成。小组合作学习是学生之间互帮互助，互教互学，彼此情感交流、心理沟通的过程。在小组合作学习过程中，每个成员都能畅所欲言，大胆地发表自己的看法和意见，同时倾听组内其他成员的观点，这样不仅能培养了学生的交往能力，形成良好的同学关系和交流能力，还有利于学生自我意识的形成和发展，小组成员在帮助他人的过程中增强了自信，小组成员在被鼓励和帮助的过程中，维护了自尊，也学会了尊重他人，从而有利于学生良好个性的形成。

（2）小组合作学习的目标内涵及设计

教学目标是课堂教学设计的起点，小组合作学习的目标简单来说包含知识性目标和人际交往目标。通过小组合作学习，促进学生获得数学知识，在对数学知识的理解与应用中形成解决问题的能力，促进动手实践能力的发展与数学思维能力的提高，促进学生在情感、态度与价值观等方面的个性发展。

知识性目标是小组合作学习中的动态目标,要明确和具体,它是根据不同的教学内容来确定的。比如,常见的有掌握并理解某个概念、公式、定理或性质;会运用定理或性质进行简单的推理证明,学会哪些运算;能解一种方程(组)或不等式(组);会应用所学的数学知识解决简单实际的问题等。

在小组合作学习中,人际交往目标是常态目标,比如,培养学生的合作意识,培养学生积极主动的探究精神,学会主动参与,学会倾听别人的意见;学会表达自己的观点看法;敢于提出质疑,同学之间相互鼓励,相互帮助等。两方面都应重视,不可只关注知识性目标,而忽略人际交往目标。

《义务教育数学课程标准(2011版)》明确地将"知识技能""数学思考""解决问题""情感态度"这四个方面的要求并列在一起,作为初中数学课程的教学目标,所以在数学教学中除了让学生理解并掌握基本的数学知识外,还包括运用所学的数学知识来解决简单的实际问题,学生的数学思维能力的提高,情感与态度等多方面的发展。

知识与能力目标是学生通过这节课的学习必须要掌握哪些知识及提升哪些数学基本能力,情感态度价值观目标它贯穿于整个课堂教学。教师要把情感态度与价值观教育渗透到教学活动中,我们总说课堂上教师要用自己的言行去感染学生,教师的情绪也直接影响着课堂教学。比如,课堂上教师要有激情,要不学生也会无精打采,如果教师上课总板着脸,缺乏亲和力,没有对学生投入感情,不关心学生,课堂学习就会变得死气沉沉,也不利于学生情感态度与价值观的发展。所以教师课堂上要关注所有学生,让每一个学生都能积极参与到课堂学习中。

教学目标对课堂教学很重要,那么要怎样确定小组合作学习的教学目标呢?

教学目标要明确具体,最好是当堂就能够测验。小组合作学习时可通过当堂达标测试来检验知识与能力目标是否完成,但情感态度价值观的目标不容易测量,所以,在实际教学使用导学案的过程中,我们更多的是明确提出学习目标是什么,情感态度价值观的目标由教师自己来把握,通过对学生的引导不断渗透到教学过程中,同时要注重数学思想方法的渗透及学法的指导。

教学目标一定要从实际出发,表述要准确、简洁。比如,哪些知识点是要掌握的,哪些是要理解的,哪些仅仅是了解就可以的。课堂学习始终要围绕着教学目标进行。小组合作教学还要体现教师的主导作用,处理好讲授与学生自主学习的关系,引导学生独立思考、主动探索、合作交流,使学生理解和掌握基本的数学知识与技能,体会和运用数学思想与方法,获得基本的数学活动经验。在与他人合作和交流过程中,能较好地理解他人的思考方法和结论。能针对他人所提的问题进行反思,初步形成评价与反思的意识。在小组合作学习中学生要敢于发表自己的想法、勇于质疑、敢于创新,养成认真勤奋、独立思考、合作交流等学习习惯,形成严谨求实的科学态度。让学生通过小组合作学习学会主动学习,主动探究,学会分工,学会合作,在质疑释疑的过程中,学会分析问题,提高解决问题的能力。

近十余年来,初中数学课堂教学也在推进课程改革的过程中不断变化着,由之前的"以教师为中心"逐渐转向"以生为本",更多地关注学生的参与、能力的提高和个性的发展。随着新的教育理念的深入落实,在实际教学中,课堂教学模式也逐渐多样化,有讲授式、讨论式、有发现式、启发式、探究式,还有现在倡导的小组合作探究式、学生活动式等,从数学学习的内容来看,我们有新课、复习课、练习课、活动实践课等,这些课的性质不同,教学的目标也不相同,每一次备课时我们都会根据教学内容认真考虑一下这节课该采取什么方式去给学生上,课后也经常会反思这节课效果怎样,学生收获了什么,学会了什么,哪些方面是需要改进的,其目的都是期望在45分钟的课堂内将《课标》中的"知识与技能,方法与过程,情感态度与价值观"三维目标最大化、最优化地完成。这几个方面,不是独立的,而是密切联系的一个有机整体。课堂教学要实现知识与能力、过程与方法、情感态度与价值观的多维目标,课堂教学不能顾此失彼,"知识技能"是学生学习的重点,"数学思考"和"解决问题"是对学生发现问题并解决问题的能力、数学推理能力及思维能力的培养,"情感态度"是让学生通过数学学习,在情感、态度和价值观等方面也有充分的发展;"数学思考""解决问题"和"情感态度"教学目标的实现是通过"知识技能"的学习来完成的,它以知识和能力为主线,分层落实,面向全体学生;以过程和方法为核心,启发学生,促使学生全面发展;以情感和态度为动力,促使学生积极主动地发展。

（3）小组合作学习的课堂教学目标的设计示例

"正方形"教学目标。

知识与技能：①掌握正方形的性质，并会运用性质进行有关的论证和计算；②理解正方形与平行四边形、矩形、菱形之间的关系，从而归纳出正方形的判定方法；③能运用正方形的判定方法进行简单的计算和证明。

过程与方法：在小组合作探索正方形有关性质的过程中，了解正方形与矩形、菱形、平行四边形的关系，从而总结出正方形的判定方法，进一步体会一般与特殊的辩证关系，提高分析问题与解决问题的能力。

情感态度与价值观通过正方形与平行四边形、矩形、菱形的联系的教学对学生渗透事物总是相互联系又彼此有别的辩证唯物主义思想。

学习过程中学生通过以下活动达成教学目标。

活动一：①拿一张矩形纸片，如何把它变成正方形纸片。②让学生自己动手操作，让学生观察图形特征，激发学生思考其制作原理。③类比平行四边形、矩形、菱形的性质，让学生分小组讨论正方形的性质，由学生自己总结出正方形的性质，总结时教师引导学生从边、角、对角线、对称性等方面归纳。

活动二：①分小组讨论正方形与平行四边形、矩形、菱形之间有什么关系。②通过上面的探讨，我们了解了四者之间的相互联系，根据它们之间的联系我们如何判定一个四边形是正方形呢？③让学生充分思考，教师巡回进行引导，解惑，通过分析问题，归纳出四者之间的联系。④教师启发引导学生，让学生通过四者之间的联系，自主探究正方形的判定方法，通过分析与讨论共同总结出判定一个四边形是正方形的基本方法。

活动三：①两条对角线把正方形分成了几个什么样的三角形呢？你能不能证明你的结论？②这是一个文字叙述的证明题，要求学生自己写出已知，求证再进行证明，这对学生的推理能力有较高的要求，难度也有所增加，但能激发学生的学习兴趣，活跃学生的思维。③教师注意引导学生进行规范的证明，及时点拨、纠偏。

活动四：满足下列条件的四边形是不是正方形？对角线相等的菱形；对角线互相垂直的矩形；对角线互相垂直且相等的平行四边形；对角线互相垂直平分且相等的四边形。学生分小组相互交流，然后在不同的小组指名学生说出讨论结果，师生共析，通过辨析，使学生掌握判定正方形的不同方法,拓展学生的思路。

教学目标设计分析:本节课的教学是加深学生对正方形的认识,拓宽学生的知识面,进一步理解正方形的性质及判定方法,教学目标设计具备以下特点:本节课正方形的性质是学生认识到正方形是矩形也是菱形的基础上,讨论交流总结出来的,在明确了正方形与平行四边形、矩形、菱形之间的关系的基础上,又探究出正方形的判定方法,使学生对知识的理解更为深刻。在整节课的设计中,突出了学生小组合作探究的过程,通过学生独立思考、小组成员间的讨论、合作交流、师生答疑等形式,让学生在探究的形成过程中自然地获取新知识,不仅训练了学生的思维,还培养了学生合作学习的意识。

本节课给学生足够的时间和空间去思考交流平行四边形、矩形、菱形与正方形之间的联系与区别,进一步加深学生对特殊与一般的认识,渗透事物总是相互联系又彼此有别的辩证唯物主义观点。在教学中,不仅让学生经历知识探索形成的过程,同时还使学生能用综合法加以证明,进一步发展学生的推理能力。从而在教学中实现知识与技能、过程与方法、情感态度与价值观三维目标的统一。

2.小组合作学习的课堂教学情境的创设

(1)创设数学教学情境的意义

所谓"情境",它包含"情"与"境"两个方面:"情"是指它能使学生在学习过程中产生一种积极的情感体验;"境"是指它是数学知识、数学概念、数学定理及规律赖以产生的背景。数学概念、数学定理及规律一般比较抽象,在讲授之前先引入相关的背景材料,展示知识的形成过程,从而让抽象的知识自然产生出来。

在小组合作学习中,以学生熟悉的现实情景和感兴趣的事物引入新课,引用情景和案例,巧妙地设置问题,可以增强学生学习的积极性,迅速把学生的注意力吸引到课堂上来,引发学生自主探求知识的欲望,还应把握层次性和难易程度,让不同层次的学生都能主动参与到课堂学习中。同时创设情境为学生提供主动探究、合作交流的平台,因为每一个学生的知识基础、学习能力、智力水平、生活环境、心理特征、知识经验、认知水平等因素各不相同,所以对同样的问题,他们的看法也都各不相同,通过教学情境的创设,教师把学习的主动权交给学生,放手让学生主动探究,发现问题,积极探求解决问题的方法。具有挑战性的问题情境,不仅有利于引起学生学习的兴趣和探究的欲望,还有利于学生在小组合作学习中共同面对挑战,努力想办法去攻克"难题"。创设动手实践、观察、实验等教学情境,可为学生提供探究学习的环境和学习资源,学生通过动手操作、观察、合作交流等活动,亲身经历知识的形成过程,不仅能增强学生主动参与的意识,还能提高学生探究知识的能力,在交流中还培养了他们的团队精神与合作能力。

创设情境是为将要学习的新知识打下基础的,通过教学情境的创设,能让学生明确这节课的学习目标是什么,迅速投入到课堂学习中,从而提高课堂学习效率。与此同时,让学生感受到数学与生活息息相关,帮助学生树立正确的数学观——学数学是有用的,能够运用所学的数学知识来解决现实生活中的实际问题。正如《课标》强调指出:"教学中不仅要考虑数学自身的特点,更应遵循学生学习数学的心理规律,强调从学生的生活经验出发,将教学活动置于真实的背景之中,为他们提供观察、操作、实践探索的机会,让学生亲身经历将实际问题抽象成数学模型并进行解释与应用的过程,进而使学生在理解的同时,其思维能力,情感态度,价值观等方面得到进步和发展,体会到数学就在身边,感受到数学的趣味和作用,体验到数学的魅力。"

(2)小组合作学习教学情境的创设

目前,我们学校在借鉴他人的成功经验的同时,结合我校的实际情况,针对传统课堂教学中的弊端,改进课堂教学方式,努力构建以生为本、充满生命活力的课堂教学模式,力求不断提高课堂教学效率。虽然有些地方我们曾经或多或少地做过,但我们还需在实际教学中进一步地践行。导学案的使用让课改所倡导的"自主、合作、探究"的教学理念有据可依,它让学生从听教师讲、做练习等被动的学习中解脱出来,使学生对所学知识有一个自主学习探究的过程,体现了"先学后教"与"先做后教"的自主学习的精神,同时,它也对教师提出了更高的要求,如何创设问题情境,给学生提供一个可探究合作学习的平台?

下面我结合我的教学实际浅谈在小组合作学习教学中创设情境应把握的原则。

情境创设要有明确的目的性。我们的每一节课都有它的教学目的和任务,创设情境是为接下来课堂教学的各个环节做准备的,是教师用来帮助学生掌握教学内容的,所以学生学什么,教师应在教学开始的导入阶段适当地预示出来,把学生的注意力吸引到即将学习的知识内容上,进而使学生明确学习目标,对新知识有一个初步的感受和理解,引发学生自主探求知识的积极性等,主动参与到课堂学习中。

比如,在教学一次函数的概念时,可让学生先思考并回答下列问题:一列火车以平均90千米/时的速度向前行驶,已知出发点与目的地的距离是680千米,如果设火车在铁路上行驶的时间为 t 小时,火车距目的地的距离为 S 千米,则 S 与 t 的函数关系式为多少?

小明为赞助希望工程现已存款100元,从现在起他每月存10元,如果设从现在开始的月份数为 x,小明的存款为 y 元,则 y 与 x 的函数关系式为多少?

探究与交流:上述两个函数有什么共同特点?这些函数可以写成怎样的一般形式?你还能举出在实际生活中具有这种函数关系的实例吗?这些问题直接针对课堂要学习的内容,引导学生先自己去了解一次函数的概念及其一般形式,让学生做好预习,培养学生自我学习和总结的能力,还可以鼓励学生举更多的实例来加深对一次函数概念的认识。

情境创设要有趣味性。新课的导入要善于激发学生学习新内容的兴趣和心理需要,学生对数学的喜欢往往是从有趣的、生动的部分产生,可以让学生迅速把注意力转移到课堂学习中,并使他们充满热情,积极主动地探究问题,寻求解决方法。使学生真正快乐而轻松地学习,而不是靠过多的外在压力来驱使他们学习。

比如:在教学用列举法求概率时,可让学生先自己去探究:①分小组活动,同时掷两枚硬币10次,记录下所有不同的结果(相同结果不重复记录),小组间相互补充得到的所有可能结果。②先后两次掷一枚硬币,记录所有可能的结果。③比较两种试验的所有可能结果是一样的吗?让学生在亲历动手操作的过程中,体验数学学习的乐趣,同时,也培养了学生主动获取知识的探究精神和合作交流的意识。

情境创设要有启发性。有效的情境要从学生的实际出发,在充分发挥教师主导作用的前提下,善于开发、引用情景和案例,巧妙地设置问题,激发学生的求知欲,这样不仅容易唤醒每一位学生的已有经验,还能促进学生对问题和现象的进一步认识,还使学生处于一种"心求通而未得,口欲言而弗能"的愤悱状态,引导学生积极开展思维活动,为了让学生顺利地完成探究,教师可以在导入的阶段进行适当的提示和指导。

例如,在学习等腰三角形的性质时,可布置学生先探究下列问题:①请你一剪刀将一张长方形的纸剪出一个等腰三角形,并想一想你为什么这样做?②剪出的等腰三角形沿着折痕对折时,能够完全重合,猜想一下,得到的等腰三角形的边、角、主要线段有什么性质?③如何证明这些性质?折痕能否对证题思路有所启发?

引导学生去思考、发现问题。在情境创设过程中努力达到启而能发,发而能导,导而不乱。

情境创设的难度要适当,具有一定的挑战性。情境创设的目的是让全体学生都能参与到课堂中,但每个学生的学习能力是有差异的,这就要求我们在导入新课时应把握层次性和难易程度、表述的方式等,要适合本班学生的心智发展水平,对不同的学生提供不同的挑战,探究新知毕竟是在学生还没有真正开始学习新知识的情况下进行的,不但要考虑到学生现有的认知水平,还要考虑到学生对新知识的好奇心理,利用学生已有的发展水平与教学要求之间的矛盾来促进学生的发展,难度设计要像摘树上挂着的桃子一样,使学生"跳一跳,摘得到",这样,学生既不会对要学的新知有厌烦、恐惧的负面心理,又能让学生在自主探究的过程中有一种成就感,这样不仅能够帮助学生树立自信心,还能保持对学习的兴趣和积极性。

比如,可放手让学生自己去探究一元一次不等式的解法,因为学生在前面已经学习了不等式的性质和解一元一次方程的知识,学生自主学习就会比较得心应手,在类比中会发现它与一元一次方程的联系与区别。

情境创设应有开放性。有些情境创设可以体现开放性,增加学生思考问题的多面性。在教学过程中,教师要认真钻研教材,围绕新课程提出的教学目标、学习目标、策略目标以及评价目标,有针对性地布置开放性作业。布置开放性作业是贯彻实施新课程理念的手段,根据所学内容适时适量选择开放性问题,让学生"各有说法",让不同层次的学生都有所收获。

比如,在学习三角形的内角和的内容时,学生可能都知道三角形的内角和等于180°,但怎么说明这个结论的正确性,可布置学生先分小组探讨,然后在班上相互交流各自不同的论证方法。课堂上通过展示成果来了解学生学得怎么样。通过作业展示让学生充分展示自我,同时学会欣赏同伴的优点,促进学生学习方式向自主学习、合作学习和探究学习转变。

创设情境为新知识的学习打下一定的基础,也培养了学生的自主学习能力,在一定程度上减轻了教师在教学上的压力;同时,给学生一个自己往前走的空间,让他们自己去交流与合作探究;学生在这个学习过程中,可能会遇到挫折,有时也许需会花费一定的时间和精力,但它却是自己学习、成长、发展、创造所必须经历的过程,也是自身能力和智慧发展的内在需求。

3.小组合作学习的课堂教学中问题的设计

(1)小组合作学习中问题设计的意义

小组合作学习离不开"问题",它贯穿于整个小组合作学习的过程中,是师生互动、生生互动的纽带,教师通过问题的设计,激发起学生的好奇心和学习兴趣。它让小组合作学习的目标变得明确,使探究更有效。教师通过对问题的设计去启迪学生的思维,引导学生打开思路,引领学生深入所学的数学知识中去。同时,教师可以从学生对问题的探究与解决过程中,了解学生对知识的理解、掌握和运用情况,从而在教学中做到有的放矢,不断提高课堂教学效率。

(2)小组合作学习中问题设计的原则

在小组合作学习前,教师首先要深入研究教材,把握教材中的重难点;还要吃透学生,抓住学生的疑点,精心设计能引起学生探究兴趣和具有探究价值的问题,问题的设计应具有以下原则。

问题设计要具有启发性。课堂提问要带有一定的启发性,只有这样才能让学生对问题产生兴趣,激起学生的求知欲,进而对所学知识做进一步的探究。问题的难度要适中,新问题太容易,会提不起学生的兴趣,也没有小组合作探究的价值;太难又容易让学生失去信心,也摸不清该从哪探究起。在新旧知识结合的地方提出问题,最能激发学生的认知冲突,最具启发性,能促使学生积极思考。比如,在讲多边形的内角和时,学生已经掌握了三角形的内角和是180°,这时可以从四边形的内角和、五边形的内角和、六边形的内角和下手,让学生自己去探求多边形的内角和公式。教师在提出问题前应对学生的回答会出现哪些问题有充分的预见,并能在教学过程中及时引导学生发现问题、解决问题。

问题设计要有梯度。在进行小组合作学习前,教师按一定的原则将学生分组,小组中的每一个的成员知识基础、学习能力、认知水平等都不相同,要让每一个学生都能积极参与到小组学习中,所以问题的设计要层层推进,让不同层次的学生都能有所思考。

另外,学生的学习过程是遵循从简单到复杂,由易到难的规律的,所以对问题的设计要有层次性,由浅入深,化繁为简。比如,在学习正方形的性质与判定时,可以向学生提出正方形与一般的平行四边形相比,它有什么特殊性? 与矩形、菱形相比,它又具有什么特殊性? 通过对问题的思考,让学生发现正方形与平行四边形、矩形、菱形之间的联系和区别,从而自己就能归纳出正方形的性质与判定依据。

问题设计要有针对性。小组合作学习时提出的问题一定要有针对性。首先要根据教材内容,设置能突出重点,突破难点的问题。提出的问题要具体,避免大而空的问题,具有一定难度的问题可以把它分成几个层层递进具有内在联系的小问题,依次提出,让学生逐步加深对知识的理解。其次,要针对学生的实际情况提出问题,既要考虑到学生的年龄,心理特征,又要考虑到学生的知识水平、认知水平及个体的差异,让每个学生都能对问题做出积极的反应,参与到问题解决的过程中来。

问题设计要有开放性。设计开放型的问题,为学生提供更多的交流合作的机会,来启发学生的思维,让不同层次的学生都能说出自己的见解,从而使他们在课堂上都学有所获。比如,学生在学习一次函数的图象与性质时,为了让学生会应用性质,可以让学生分小组交流①一次函数的图象过点$(-3,2)$,且函数 y 的值随 x 增大而增大;②一次函数的图象不过第三象限;分别写出满足条件的函数关系式,让学生在合作讨论中进一步明确和理解一次函数的图象与性质。

问题设计要精炼准确,提问密度不可过大。课堂上教师提出的问题要精炼准确,不可笼统、内容太宽,让学生摸不着头脑,不知该如何回答。同时,提问的频率要控制好,提出的问题过多过密,学生忙于应付如何回答教师的问题,容易让学生精神紧张而疲劳,从而不能深入地思考所提出的问题,这样不利于学生思维能力的提高。还有,课堂上也要注意不要随口发问"是不是""对不对"这类的问题,学生也只能不加思索地脱口说出"是""不是"或"对""不对"等,人云亦云,达不到理想的教学效果,所以课堂上要善于抓住学生的"注意力"和"兴奋点",精心设计这节课最需要提问的问题,让学生有兴趣去积极参与思考和讨论。

(3)小组合作学习问题设计策略

在小组合作学习中,小组合作学习的效果与问题设计的是否科学有效直接相关,为了能调动学生的学习积极性和主动探究的兴趣,发挥小组合作学习的作用,我觉得在设计问题时可考虑以下几个方面。

联系学生的生活实际,从学生的生活经验出发,设计让学生感兴趣的问题;或关注社会热点,提出自己比较关注的问题。比如,在教学概率初步一章时,可借助抽签和投骰子的问题引出随机事件的概念,让小组合作进行投币实验从而引出概率的定义,通过学生并不陌生的"摸球问题""扫雷游戏"等让学生进一步理解概率在解决实际问题中的作用。

教师可结合本节课要学习的知识和要让学生探究的问题,针对教学中的重点知识,抓住学生的疑难点来设计问题,帮助学生由浅入深,化难为易。例如,在学习相似三角形的判定时,学生通过与全等三角形判定方法的类比掌握了"三组对应边的比相等两三角形相似""如果两个三角形的两组对应边的比相等,并且相应的夹角相等则两三角形相似"的判定方法后,教师提出这样的问题:"两个角相等能判断两个三角形全等吗? 能否判定两个三角形相似呢?"引发学生去思考新问题,从而激发学生探求新知识。

针对学生的认知冲突点来提问。将要设计的问题与学生已有知识经验相联系,在回顾旧知识的基础上对新知识提出问题,通过化归的思想方法将新知识转化并纳入原有的认知结构中。例如,学习"用函数观点看一元二次方程"时提问:"二次函数的图象与 x 轴相交的情况与一元二次方程 $ax^2+bx+c=0$ 的根的情况和判别式有联系吗? 根的判别式如何来判断抛物线 $y=ax^2+bx+c$ 与 x 轴有无交点情况?"这样促进学生用已掌握的知识来解决未知的问题。

为了让所有学生都能积极参与到小组合作学习中来,教师可根据不同学生的学习情况及智力水平,分层设计问题,促进学生去思考问题,让不同层次的学生都能在学习中有所收获。如:问题1:已知 A、B 在直线 l 的两侧,在 l 上求一点 M,使 $MA+MB$ 最小;问题2:已知 A、B 在直线 l 的同侧,在 l 上求一点 M,使 $MA+MB$ 最小;问题3:已知 $\triangle AOB$ 内有一点 M,在 OA、OB 上

分别求一点 E、F，使 $ME+EF+MF$ 最小。问题的安排遵循由浅入深、循序渐进的原则，进一步巩固"两点之间线段最短"，提高学生运用所学知识解决问题的能力，发展应用意识，同时让不同层次的学生都体验到成功的喜悦。

4.小组合作学习中练习题的设计

（1）数学课堂练习的意义

"课堂练习"是数学课堂教学的重要组成部分，也是学生学数学的重要环节，对于小组合作学习的课堂教学来说练习也是必不可少的，其主要目的是促进学生掌握课堂上所学的新知识和数学思想方法，并能灵活地用它们来解决实际问题。数学练习能帮助学生理解并学会运用数学概念、公式、定理和法则，它是把知识技能、数学思考、问题解决联系起来的纽带。

通过练习，能让学生巩固所学知识，形成必要的数学技能或技巧；通过练习，教师可以了解到在小组合作学习中学生掌握知识的情况，及时地发现问题，纠正错误，让教师的引导与点拨更具针对性，学生也能了解到自己学习的不足，及时地弥补和调整自己的学习策略，从而提高课堂效率；学生在练习中需要运用数学知识、思想方法和联想已有的经验去解决问题，在这个过程中可以发展学生的数学思维能力和解决问题的能力。有些数学应用性的练习中体现着环保意识、创新意识，以及市场经济意识等，可强化学生的道德素养。

（2）数学课堂练习题的设计原则

教师要紧扣教学目标，精选练习，充分考虑到学生的差异，设计有层次的练习，使不同水平的学生都学有所获。所以教师在设计练习时，应把握以下几点：①练习要有目的性。即练习要紧扣教学目标，把握基础，学生通过练习能进一步巩固知识，提高基本的数学技能，使思维能力得到进一步发展。练习要能把握重点，突破难点。如课本上的典型基本题目，书中容易做错的题目等；②练习要有针对性。即练习能根据每个学生的实际情况分层布置，适合学习能力层次不同的学生。针对教材和学生实际，考虑多数学生的学习基础和能力，设置难易适度的练习；③练习要有适宜性。虽然我们不提倡"题海战术"，但对于部分学生来说如果不适量练习，就很难熟练灵活运用所学的知识，因此，教师要有目的、有计划地布置有代表性的、典型的习题，以保证他们牢固掌握所学知识。同时，对学有余力的学生,适当做些提高题升华所学知识;④练习要体现差异性。因材施教的原则,应贯穿于教学工作的每一个环节。练习也不例外。我们可根据学生的学习水平把学生分成两部分或三部分,分层次布置作业。做到练习有梯度、有区分度,让不同层次的学生都能体会到收获的乐趣;练习要有灵活性,它让学生在掌握基本知识的基础上,将已有知识进行拓展、延伸、升华、提高,其目的是提高教学深度和广度,提高学生的综合能力。

第一,教师要灵活驾驭教材,扩大学生的知识面。小组合作学习的课堂需要教师在尊重教材的基础上超越教材,课上不能只学教材,还必须进行相应的扩展,拓宽学生知识的深度和广度。在备课时,我们要从学生学习的实际情况出发,了解其知识基础及认知水平,学习能力,认真分析教学中的重点、难点,紧紧围绕教学重、难点来参考各种教辅材料,尽量在讲授新课时把相关的知识渗透到其中。其次,教师应精心设计开放性习题,拓展延伸学生的思维。开放性习题一般是指条件、问题不完备、答案不唯一、解题方法不唯一的练习,具有发散性、探究性和创新性。利用课外时间给学生设计出思维容量较大的开放性习题,使学生必须"跳一跳,摘得到"。这样,学有余力的学生就会在解题过程中出现强烈的表现欲望,也促进其他学生积极参与思考、从不同方向去寻求最佳解决方法。

(3)小组合作学习中练习的作用

小组合作学习中的练习可分为课前自主探究的练习,合作学习中的随堂巩固练习,及合作学习后的当堂达标检测题。课前自主探究的练习也叫前置作业,它充分体现了"先学后教"与"先做后教"的自主学习精神,让学生在学习新知识前先自主学习探究,这类练习可以是预习性的,让学生了解将要学习的新知识是什么,也可以是对将要学习的新知识相关联的问题的思考;根据具体的内容和难易程度可以让学生独立思考,或是分小组合作完成,有时也会根据需要先让学生上网收集或查阅相关资料,为将要学习的新知识做好预备工作,从而提高课堂学习的效率。

学生的前置性作业在小组合作学习中发挥着积极的作用。首先,学生在完成这个课前练习的过程中,就对将要学习的内容有了一定的了解,这为学生小组合作学习做好了铺垫,使课堂上的小组合作学习更有效,也便于学生理解掌握新的知识。其次,它也在一定程度上减轻了教师在课堂教学上的压力,重难点知识变得容易突破了,大大提高了课堂学习效率。

再次,它使学生课堂学习更具针对性,学生在完成前置练习时,哪些知识理解了,哪些方面还有很多疑问需在课堂学习中解决。前置性练习有利于学生学习方式的转变。由被动接受转向自主学习。这样有利于学生学习能力的发展,如:提出问题的能力、信息收集和处理的能力、合作交流的能力。

合作学习中的随堂巩固练习目的是及时巩固成果,随堂巩固练习要紧扣课本,充分利用好课后的基本习题。小组合作的学习效果如何,教师通过随堂巩固练习、学生板演来检测,也可以把学生做的练习放在投影上展示,让学生自己来讲解自己的解题思路与方法,或让大家来评析他的练习,再针对学生出现的问题,指导学生更正、讨论,对于学生不容易理解的知识老师要及时讲解、鼓励学生质疑,当堂解决学生的问题。让学生在练习中掌握新知识,学会运用新知来解决实际问题,它有助于学生对重点知识的理解和对难点知识的突破。巩固练习尽可能满足各个不同层次的学生,让每个人都在数学上得到不同的发展。

当堂达标检测是教师为了了解学生小组合作学习效果设计的,达标检测是数学小组合作学习效果的反映,教师要精心选择典型的、具有代表性的习题,让学生在解题过程中学会举一反三,触类旁通。要求学生当堂独立思考完成,检测题以基础为主,主要是检测学生对那节课的基础知识和基本技能的掌握情况,起点要低,可以适当为中上等学生设计几道选做题,它是让学生在掌握基本知识的基础上,将已有知识进行拓展、延伸。达标检测的题型多样化,让学生乐于参与,也让不同层次的学生都能学有所获。对于教师来说,通过批改学生的课堂检测,可以了解到哪些学生已经达到了学习目标,哪些还需要课后进行个别辅导,并针对学生中出现的普遍问题及时处理。题量最好控制在 10~15 分钟内,让学生在做题过程中,把学习的新知识转化为数学基本能力。

5.课堂上小组合作学习过程中存在的问题

我们在实践小组合作学习的过程中,应重理念的有效落实而不是形式的效仿,教师既要了解先进的教学方法,又要懂得更科学的学习方式,而我们在践行过程中却发现存在许多亟须解决的问题,这些问题主要表现在:

第一,我们的课堂倡导合作交流,让学生自主探究学习。但在课堂上,有时教师对出现的问题不引导学生认真读书、深入思考就组织讨论,学生不知道要探究什么,怎样去讨论探究,它与自己学过的知识之间有什么联系,从而找不到解决问题的办法。

第二,学生的交流合作意识不强,不知道怎样进行有效的互动。往往学习成绩好的学生在讨论、积极思考想办法解决问题中处于主导地位,而成绩不太好的学生则很被动,因为基础薄弱,参与性与主动性都比较差,无形中就不愿意去思考、也不知该如何交流,要么坐享其成,要么人云亦云,更糟糕的是有少部分人干脆就说起了与课堂无关的话,让课堂失去了全体参与的意义。

第三,教师过分关注"小组合作"的学习形式,在合作学习之前,学生对问题没有充足的时间去独立思考,导致小组合作交流不能有效进行,使小组合作学习流于形式。另外,在小组合作学习中教师引导太多,点拨太多,帮助太多,使学生没有深入思考这个问题的空间,从而降低了学生进一步探求知识的主动性。

第四,教师为了让学生能全体参与,一有问题,不管这个问题有多简单,值不值得讨论,都让学生讨论,这样仅仅了形式上的讨论而讨论,长时间下去学生就会感到厌倦,逐渐学生就失去了参与讨论的兴趣,造成了课堂时间的浪费。

第五,教师对学生的探究讨论有时缺乏调控能力,让课堂处于一种混乱无序的状态,学生七嘴八舌,行动随便。这些问题的出现在于教师形式化地理解合作讨论,对自主、合作、探究的本质的理解太片面。我们在选择教学方法时,不能一味地讲授,让学生被动地接受,也不能只让学生探究,应根据学生的知识能力情况和具体的教学内容来选择教法与学法。我们在转变自己的教学行为的同时,应更多地关注学生的学习方式,努力达到教和学的和谐统一,促进学生有效学习。同时,我们在推进课程改革的过程中,呈现出了多种多样的教学模式,但不表明就一定要用新的教学模式去替代旧的教学模式,在我们传统教学中的有意义接受学习、注重双基训练等都是值得传承的。理性运用新的教学模式,并不是每节课都一定要小组合作学习。比如,小组合作探究学习用于复习课的教学就不一定高效。所以,新旧教学模式在实际教学中应相互补充。

第六,数学教学实际上是数学思维活动的教学,而数学思想方法是数学思维能力作用于数学思维过程的中介,制约思维结果的数量和质量,数学思想方法包含思维监控的成分,对思维的进展起调控和指导作用。所以,不管课堂教学采用小组合作学习,还是教师讲授都必须重视数学思想方法的渗透和数学能力的培养,不能流于形式,而轻了实质。

6.课堂上小组合作学习过程中存在问题的改进策略

在课堂教学过程中,教师应尽可能避免以上问题,可根据自己具体的教学目标和教学内容及学生的学情,自主选择和灵活运用适合自己班级的教学方式和组织形式,其目的都是提高课堂学习效率,促进学生全面发展。

教师在小组合作学习中的角色:①教师是课程的设计者和开发者。随着小组合作学习走进课堂,我们也引来了导学案,导学案是教师对教材的再开发,它是教师根据一节课的教学目标,和学生的实际学习情况编写的,指导学生自主探究的学习方案,它指导学生由学会向会学转变。②教师是小组合作学习的组织者。教师在上课前应当认真研究教材,准确把握教学内容的重难点,并且充分了解学生的学习情况,设计出一个目标明确,科学合理的导学案。另外,在学生进行小组合作学习的过程中,要适时调控,让师生互动、生生互动更有效。③教师是小组合作学习的引导者。小组活动时,教师要设计好有针对性的恰当的问题,激发学生的学习兴趣,引导学生去积极思考,主动探究新知,有效合作交流。通过点拨,总结归纳,使学生理解并掌握知识,积累数学经验,提升基本技能。同时,小组合作学习时教师应关注每一个学生,针对不同的学生分层设计问题,引导每一个学生都能积极参与到小组活动中。④教师是小组合作学习的合作者。教师应平等地对待每一个学生,鼓励学生积极参与到小组活动中,与学生一起分享成果。总之,教师作为小组合作学习的开发者、组织者、引导者和合作者,要能够结合具体的教学内容,提出小组合作学习的目标与要求,也积极地参与到学生的小组活动中,观察和了解学生在小组活动中的情况,并对学生活动中出现的问题及时进行有效的指导。对遇到困难不能顺利完成任务的小组及时提供帮助,帮助他们顺利完成学习任务,引导学生用正确的态度对待组内成员的分歧,在活动中有意识地培养学生的合作技能与合作意识。同时,教师也要在小组合作学习过程中不断地总结反思,提高自身对课堂上合作学习的调控能力。

教师要更新教学观念和方式:①将教师的课堂讲授转变为学生的主动探求。学习动机是学生学习过程中重要的动力因素,在教学活动中,教师要善于用目标激励,用表扬促进等方法激发学生的学习兴趣,进而形成学习的动机。教师要善于从学生的知识经验和生活实际出发,组织好学生对数学问题展开观察、实验、猜想、验证、推理与交流等数学活动,引导学生主动探究新知,切实改变老师讲,学生听,然后反复训练的课堂教学模式。②将学生对所学知识的运用转变为鼓励学生实践创新。小组合作学习应把创新意识和能力的培养放在一个显著的位置,教师在课堂教学中要善于创设探究情景,让学生自主发现问题,思考解决问题,归纳规律,生成新知,鼓励学生打破书本的局限,突破经验教训的禁锢,当然这首先要求教师要善于打破常规,运用一些具有挑战性的问题激发学生的创新意识,着力培养学生求异创新的精神。③将教学的"单一目标"转变为"多维目标"。评价是对学生的学习效果做出判断,目的是促进学生的发展,不能仅以考试成绩来评价学生的好坏,对学生的评价要包括学习方面,如课堂,作业与考试等,还应包括行为习惯方面,如纪律、卫生等。及时发现学生身上的闪光点,予以鼓励,评价既要及时,又要有针对性,同时还要把握激励性原则,不用一把尺子去衡量所有的学生,对不同层次的学生采用不同的评价方式和手段,促进每一名学生情感与态度的形成与发展。

教师应引导学生转变学习方式。

在我们的教学中,停留在教师"教"上居多,关注学生"学"的过少,我们的学生已习惯教师的灌输和被动地接受,以至于学生在学习上存在一些问题。

部分后进生学习目的不明确,学习态度不端正;课堂上不想动手、动脑,一遇到难题就想去问其他同学,有少部分或者就干脆放弃不做、不学,课外作业完全是敷衍老师,抄袭严重,或者根本不写、不交。这部分学生对学习缺乏信心,十分消极,除了受家庭、社会和自身因素影响外,学校的教育长期对这些成绩后进生关注不够,可能也是形成这种学习方式的原因所在。因此,要转变这类学生消极的学习方式,教师应多关注、关爱这类学生,注意情感上的沟通,提高他们对学习的认识和信心,引导他们主动学习,不断进步。

还有一部分学生是能按时独立完成老师布置的学习任务,但在学习上比较被动,需要老师和家长提醒督促,他们习惯于接受学习,也有一类学生是有学习动力的,也喜欢钻研问题,但不能持之以恒,对学习忽冷忽热,对于这些学生,教师要多与他们交流,帮助他们寻找改进的措施,掌握科学的学习方法,根据每个人的不同情况,在学习目标上提出更高要求,以此促进他们学习方式的转变。在课堂教学过程中,教师改变自身的教学方式,关注并落实学生由"学会"向"会学"的转变,不断提高课堂学习效率。

教师要给学生充足的时间思考与讨论,并且使用小组合作学习模式时,教师要给学生充足的时间去独立思考问题,自主探究,只有学生对问题有了自己初步的看法或想要解决自己心里的困惑时,小组合作学习才会有效。还要给予足够的时间让学生合作交流,营造一个民主、和谐的学习氛围,让学生们大胆讨论,畅所欲言、让每个学生都有发言和辩论的机会,教师要鼓励和引导帮助每一个学生积极参与到小组学习活动中。

第三节 素质教育视域下初中数学探究合作式教学实践

一、探究合作式教学法在初中数学教学中的实施方略

（一）合作探究式教学法在初中数学教学中的实施条件

1.师生角色的重新定位

教师从传统的知识传授者、课堂主宰者向课堂的组织者、促进者、共同研究者的角色转变。教师角色的转变是合作探究式教学在数学教学中得以实施的必要条件。一直以来教师在课堂教学中都承担着知识传授者、课堂主宰者的角色,教师设计课堂的每一个步骤,牵引学生紧随着自己的教学思路向自己事先设定的教学目标前进,教师教什么学生就要学什么,教师怎么教,学生就怎么学,教学活动完全围绕教师转,学生就像一张白纸或是一个容器,被任意涂画和灌输。这是一种机械化的教学观念。在这种教学观念下,教师生命和学生生命都是被忽略的,忽视个人生命的意义,被重视和推崇的只有知识,教师是掌握知识并输出知识的人,学生是知识的接受者。在这里,知识是一个客观并永存的实体,从教师输送给学生。而在合作探究式教学中,我们把教师定位为学习活动的组织者、促进者、

共同研究者,表面看是一种角色的转变,实际上是一种教学观念的转变,教师从讲台走了下来,成为课堂中平等的一员,教师用自己的智慧点亮学生的智慧,而这个过程并不是单向的,而是双向的,教师也会在智慧的碰撞中获得新的体验和新的智慧。只有教师具备了这样的教学观念,才会在课堂中找准自己的角色定位,合作探究式教学才能真正实现,否则,即使具有合作探究式教学的环节,也只能是虚有其表,不可能实现真正的合作探究。

学生从知识的被动接受者向知识的创造者、发现者的角色转变。在传统教学中,学生是知识的被动接受者,在课堂中处于被支配的地位,学生的主体性、主观能动性只有在回答问题的时候才能得到零星的展现,但这种展现也隐含着被动的因子。教师为学生安排好学习的一切,设计好每一步的思维路线,学生被牵着走,这种方式看起来可以让学生少走弯路,在较短的时间里掌握较多的知识。其实是没把学生当成一个有思想有情感的人来看待,既不利于学生对知识的掌握,也不利于学生的全面发展。更重要的是,学生长期处在这种被动的学习状态下,容易形成一种依赖性,遇到问题懒于思考,也不会思考,这对学生的长远发展危害颇大。在合作探究式教学中,我们对学生的角色定位是知识的创造者和发现者,要成为知识的发现者和创造者,首先,他必须有一种自觉的主动的探究意识,也就是要有一种学习的主体意识;其次,必须掌握一定的研究能力,这个研究能力就包括与研究课题相关的知识基础和适当有效的研究方法。[①]对于这两个基础性的要求,知识基础的问题不大,主要是探究意识和探究方法,这对于长期处于传统教学下的学生来说是缺乏的,要弥补这一不足,对学生来说就要转变学习观念,充分发挥自己的主观能动性,学习和掌握一些探究的基本方法;对教师来说,一是要和学生谈一下这种崭新的学习观念,让学生从概念上有所了解。二是要在平常的教学中渗透这种学习理念,在潜移默化中改变学生的学习习惯,提高学生的主体性,增强学生的自我意识。只有学生的学习观念转变了,学生的角色转变才有真正的意义,合作探究式教学也才有实现的基础和可能性。

2.教学内容的选择必须适合合作探究式教学

合作探究式教学虽然是一种符合新课改精神、对学生的全面发展有益

---

①邱德峰.学生作为学习者的身份建构研究[D].重庆:西南大学,2018:40-41.

的教学法,但是对于初中数学课来说,不是所有的内容都适合运用合作探究式教学,例如,一些简单的、学生容易理解的概念定理甚至数学问题,如果用合作探究式,便显得烦琐和多余,学生也不会产生探究的热情和兴趣,那么合作探究就会流于形式,不会取得好的效果。相反,如果题目过难过深,学生从来没有接触过,也没有探究的知识基础,贸然运用合作探究式教学,学生便会不知从何着手,事事都要向教师求助,那么学生就会处于一种被动的状态,学生的思维无法被激活,创新更是无从谈起,这样合作探究也无法真正进行下去,强而为之也必然会流于形式。所以,应该选择适合合作探究式教学的内容。一般来说,应该遵循以下原则。

(1)价值性原则

所谓价值性原则就是说所选的教学内容要具有探究价值,通过探究可以解释和回答某种现象或者问题,能够提高学生的自主学习能力、创新能力和实践能力。如我们常说的探索性问题、开放性问题和实际应用问题。一个有价值的研究课题对学生探究兴趣的激发、探究能力的培养以及探究方法的习得影响都是非常大的,而且容易使学生获得极大的成就感,对学生探究意识的培养是极为有利的。

(2)问题性原则

问题是科学思维的起点,合作探究性学习就是提出问题、分析问题、共同解决问题的过程。因此,在内容的选择上必须坚持问题性原则,以问题为中心组织合作探究活动。问题的提出形式也可以更为民主化和多样化,可以是老师提出的,也可以是学生提出的,也可以是老师提出学生选择的;可以是教材中的内容,也可以是生活中的实际问题;可以是别人从未提出的问题,也可以是前人已经探究过但对学生来说是新的问题;可以是单学科的,也可以是跨多个学科的,总之,问题作为合作探究式学习的载体,所涉及的内容应该具有广泛性的特征。

(3)现实性原则

所谓现实性原则包括以下三个方面:其一,内容的选择必须切合学生的生活实际、学生的现有认知水平、研究能力等,并且经过他们的共同努力可以取得进展或是可以解决;其二,内容的选择必须适合不同层次的学生,能够引起全体学生参与的热情,使得所有学生都可以对其进行思考,有较大的容纳性和思考空间;其三,教学内容的选择必须适合现有的客观条件,客观条件是指文献资料、经费、设备、协作条件、当地的社会资源等,还包括教师的指导能力和水平。

以上所述三个原则互为补充,缺一不可,价值性原则是合作探究式教学实施的意义基础,问题性原则是合作探究式教学实施的载体,现实性原则是合作探究式教学实施的必要条件。所以,我们一定要慎重运用合作探究式教学模式,看所选的教学内容是否符合以上的原则,只有这样,合作探究式教学才能发挥出它的优势,为实现初中数学教学目标贡献力量。

3.有效分组,合理分工

在以往的数学教学中,我们也时常会指导学生进行合作探究式学习,但因为组织不力或其他方面的原因,小组合作成了一种形式,一种点缀,成为少部分优秀学生表现的舞台,大部分学生逃避思考的"避难所",这明显不是我们所要求和希望的。究其原因,我们认为是没有进行有效分组。那么,什么是有效分组?根据笔者多年的教学经验,一般来说每组至多5~6人,且各有所长,性别不同。在每一组中,要求有些同学组织协调能力强,有些同学计算底子好,有些同学推理能力强,有些同学书面表达能力强等,只有各有所长,才能实现合作和分工。同时也应该注意到组间学生学习成绩大体差不多,即采取"组内异质,组间同质"的编排原则,这种方式能保证组内各成员的差异性和互补性,同时又有利于小组之间合理、公平地竞争。经过一段时间的训练后,小组间出现差异,我们再根据学生的学习情况进行适当调整,通常情况下每学期进行一次调整。关于合理分工要看具体的情况而定,起先可由教师指定,设立小组组长,待合作了一段时间后应让小组协商决定。只有实现了有效分组、合理分工,合作探究式教学才有了有效的形式和实施的基础。

(二)合作探究式教学在初中数学中的具体实践过程探究

1.创设情境,提出问题

合作探究是从问题开始的,而问题的提出一般都依赖于情境的创设。数学作为自然科学科目,所以我们要创设的主要是问题情境。从问题情境创设的目的来看,一方面是为了培养学生发现问题的能力,另一方面也是为了激发学生探究的兴趣。所以,问题情境的创设不是随意的,而是要与学生的内在需求相契合。要达到这一要求,首先就要选择学生熟悉的、与学生的生活密切相关的问题情境。与学生的生活密切相关,就能很快地吸引学生的注意力,使他们迫切地想要弄明白问题的真相,从而可以指导他们自己的生活实践。例如,商场打折的问题,怎样买东西才更合算。其次,要与本堂课的教学目标一致。本堂课要完成一个什么样的知识目标、能力目标、情感态度价值观目标,那么在问题情境创设的时候就要尽量将其突显出来。

当然,既然是情境,它所容纳的东西总不是单一的,学生提出的问题可能千差万别,在这个时候,教师就要帮助学生对自己发现的问题进行甄别,我们可以运用我们上一节提出的原则:价值性原则、现实性原则,选择出有价值的且学生有能力研究的问题进行探究。当然,对于那些教学内容非常明确且教学时间比较紧张的课,教师也可以直接提出问题。

2.自主探究,确定疑难

自主探究是合作探究前一个重要的准备工作。在合作探究之前,大家首先要对自己的问题有所认识,要有自己的看法、自己的见解。这样在合作探究的时候才能与大家进行交流。当然,自主探究一个更重要的目的,就是找到自己无法理解、无法解决的问题。确定了这些问题,在小组合作探究的时候,才能有的放矢,提高小组合作探究学习的效率。

3.小组合作探究,释疑解难

这是合作探究学习的主要形式,也是合作探究式学习的中心环节,一般来说,包括以下四个步骤。

(1)问题定向

小组合作探究的目的就在于解决靠个人力量无法解决的问题,在小组合作探究这一环节里,同一小组的同学把自己遇到的疑难告诉大家共同解决,在小组里面由于个人差异,这个同学不会的,那个同学可能会,这个同学想到的,那个同学可能没想到,大家通过交流探讨,一般难度的问题也就解决了,但有些问题可能是对大家来说都是新的,都是不大容易做出来的,这就需要小组切切实实地合作探究了。我们把小组从问题汇总到逐次解决,并确定最终探究的问题的这一过程称为问题的定向,这是小组合作探究的起点和关键。

(2)观察与实验

观察与实验是学生认识客观世界的第一步,以往,我们接触的是物理、化学、生物这些科目最常用观察与实验的方法。那么,数学是否也能用观察与实验的方法呢？答案是肯定的。只不过数学和这些科目的实验观察有些不同，像物理、化学、生物这些科目的实验大都是实物实验，只通过对具体存在的客观事物的观察记录便可得，数学虽也有实物实验如：神奇的七巧板，但很多时候都是一种思想实验，所谓思想实验就是指根据研究目的人为地创设、改编和控制某种数学情境，在有利的条件下经过四项活动，借助抽象和想象对建立的理想化对象进行的以研究某种数学现象和数学规律的实验。例如，函数的学习、几何中图形的转换、辅助线的添加等。通过数学实验往往会形成一些数学概念，提出一种猜想，或者酝酿一种结构。

（3）假设、猜想

假设与猜想是指研究者根据自己的知识基础，通过观察、实验、归纳、类比、推广等手段对问题的结论做一个假设或是猜想。这是探究活动最重要的一步，也是难度最大的一步。这一猜想或假设的提出不仅要求研究者有扎实的知识基础，大量的证据材料，更重要的是要具有数学的直觉思维。教学中教师要引导学生凭借已有的事实和先前的经验，以假设的形式进行大胆的猜测。假设就其结构而言，包含已知事实和推测性结论两种基本成分，通过这两种成分的搭配，明确解决问题的途径，在条件和结果之间建构设想，这是科学探究的最重要的特征之一。

（4）科学解释与证明

通过不完全归纳法、类比法、数学直觉思维得来的假设或猜想不一定就是正确的，所以要对其进行证明或进行科学的解释。只有进行了证明和科学的阐释，才能确定它的真伪，如果证明出来是一个假的命题，就要推翻它，重新寻找研究的切入点，重新设计研究方案。一般来说我们可通过实例和严密的科学推理来证明。弗赖登塔尔指出："数学的发现来自直觉，而分析直觉理解的原因是通向证明的道路，必须教育学生对自己的判断与活动甚至语言表达进行思考并加以证明，只有这样教育才能真正培养学生的数学能力。[①]"因而，这也是合作探究式学习重要的一步，既培养了学生探究能力，同时也培养了学生的科学素养，也使学生的探究结果有了实际的意义。

[①]（荷）弗赖登塔尔；作为教育任务的数学[M].陈昌平，等，译.上海：上海教育出版社，1995：27-28.

4.集体交流合作,互学互补

小组合作探究之后,对于小组集体的疑难问题也有了一个解答,但这个解答是否完美是否论据充分,就需要教师和全体学生的评价和认可。也许同一个问题情境,各小组提出了不同的问题,也许是同一个问题,但各小组用了不同的研究方法,通过集体交流与合作,集思广益,大家互相探讨、互相学习、互相补充,所得的知识就更为全面和更为深入了,更重要的是大家亲历了这个探究的过程,动手能力、思维能力、协作能力也就在不知不觉中得到锻炼了,学生的自我意识、创造力也都在探究过程中得到了充分的展现。

5.反思评价,扬长避短

大家集体交流之后,教师、学生都要为本次的合作探究学习进行反思与评价。可以反思所提出问题的实际意义,可以反思研究方法,有哪些好的方面,又有哪些不足之处,可以反思得出结论的过程是否严谨……,反思行为可以让学生从旁观者的角度对自己的探究过程进行审视,这样既可以弥补缺漏与不足,也可以对探究过程中一些好的研究方法进行梳理和归纳,更好地纳入学生原有的认知结构,实现顺应和同化。关于对探究成果的评价,方式可以多样一点,可以教师评,也可以学生自评、学生互评;评价的内容也应该更广泛一点,不但从探究的结果看,也可从探究的过程、探究的方法、探究的态度甚至小组的协作能力等方面进行评价;评价应公正,但也应该遵循宽容与鼓励的原则。初中生年龄小,是还在成长中的人,不论从知识储备还是能力方面即使有什么不足也是很自然的事情。作为教师虽要严格但也要有宽容之心,我们要对每个学生都有美好的期待,多多鼓励帮助他们。学生有了成就感,学习的积极性会更高。通过反思与评价,教训和经验的总结,便能在以后的合作探究活动中扬长避短了。

(三)初中数学合作探究式教学实施过程中应该注意的问题

1.注意教师主导作用的发挥

在探究活动中,学生是学习的主人,但这并不代表教师可以完全放手。在以往的教学中也出现过这样的现象,教师将要研究的问题抛给学生以后就完全放手了,学生由于知识能力有限又没能掌握基本的研究方法,结果大多不知所措,互相坐在一起说些闲话也就结束了。对问题的解决、能力的锻炼完全没有任何助益。所以新课程要求将课堂的主动权交还给学生,并不是说教师可以完全放手了。当然,正如叶圣陶先生所说"教是为了不教","不教"是我们最终要取得的结果,但是在初中生阶段,在新的教学方法刚刚施行的阶段,教师的主导作用还是不容忽视的,我们要在"教"的过程中慢慢放手。更何况教师作为合作探究活动的组织者、促进者和共同参与者,这一角色的定位虽然让教师走出了课堂的主宰和权威,但是对教师的要求却明显提高了,这是因为课堂不再完全是由教师设计的,增加了许多不确定的因素,学生的问题也五花八门,而且不一定都是本专业的问题,可能会涉及其他学科其他领域,这就要求我们教师在钻研本专业的知识之外,还要广泛涉猎其他领域。同时,对教师的能力要求也有所提高,例如,教师的组织能力、协调能力、沟通能力、应变能力等。由此观之,教师的主导作用不但没有减弱而且增强了,只是方式不同罢了,教师的适当指导是合作探究式教学成功的主要因素之一,所以,在实际的合作探究式教学中,教师应充分发挥自己的主导作用。

2.注意学生的全体参与

合作探究式教学主张以合作学习的方式进行教学,合作学习虽然可以锻炼学生各方面的能力,但是如果操作不当,指导不到位,很可能成为学困生逃避思考的"避难所",成为优等生展示才华的"舞台",这对学生的整体成长是极为不利的,这样下去只能是差者更差,所以,在实施合作探究式教学时一定要非常重视学生的全体参与,要做到这一点有两个途径:其一,就是教师在设计问题的时候,一定要注意它的层次性和包容性,要使每个学生都有思考的余地;其二,就是要做好组内的分工,争取每一个人都有职务、都有任务。只有这样,学生才能全部都参与进去,每个人都有所收获。

3.注意对学生好奇心和探索精神的激发与鼓励

好奇心是一切发现与创造的根源,在数学领域中好奇心是激发学生对新事物学习的动力源泉,它包括对数学中的新思想、新方法的好奇,并且能提升学生的创新能力,培养学生发现问题并解决问题的能力,提升学生对数学思想方法的认知程度,极大提高学生独立主动的意识,和对数学思想方法的深入理解。

4.注意对学生数学直觉思维的培养

数学直觉是对数学思想方法深入理解后所具备的对数学问题的一种

洞察能力。它是一种对数学问题迅速识别和判断的能力。直觉思维在合作探究式教学中有着非常重要的意义,合作探究式教学需要加强培养学生的直觉思维,这样才有利于学生发现问题,从而有利于合作探究式教学的进行。数学直觉的培养可以归纳为以下几点:第一,加强学生对数学思想方法的理解,例如,加强学生对观察法、归纳法、待定系数法、数形结合法等一些经典的数学方法的理解;第二,加强学生对数学思想方法的应用,实践是检验真理的唯一标准,在实践中通过对问题的分析和解决才能加强学生的数学思维能力,在解决问题的过程中对思想方法不断应用和验证,才能加深对数学思想方法的深入理解;第三,加强学生对经验的总结和归纳的意识,通过对积累的解决问题的经验的归纳和总结,使学生在遇到类似问题时会有更强的直觉,才能达到快速对问题识别和判断,从而解决问题。

二、探究合作教学模式案例实践研究

(一)新授课教学案例研究

案例研究人教版七年级下册数学6.3.1实数,运用小组合作教学。

1.教材分析

该内容预计授课两节课,本节课为第一节课。本节课要求学生会对有理数、无理数进行分类,通过数形结合思想,会在数轴上表示实数。

2.学生学情分析

(1)知识基础方面

上学期学习了有理数,通过有理数的定义及分类便于学习实数的定义及其分类,但实数结合了数轴,所以难度有所加深。

(2)思维水平方面

学生刚度过小学到初中的过渡期,具备了一定的类比能力和归纳总结能力,但运用已学过的图形周长面积公式在数轴上找到无理数才刚刚接触,在理解和认知上有一定的困难。

(3)心理特点方面

学生年龄还偏小,上课积极活跃,有较强的求知欲,但是注意力不高。因此,教师要用合理的教学方法吸引其注意力。

3.教学目标设计

（1）知识与技能

明确无理数的定义、实数的分类标准和方法。

（2）过程与方法

通过实例分析无理数，会在数轴上表示实数。

（3）情感态度与价值观

在学生动手操作的过程中，体验数学的乐趣。

4.教学重难点设计

（1）教学重点

学生会对数进行分类，能够在数轴上找到对应数字。设计意图：作图过程是在"数"与"形"的相互作用下完成的，通过探究活动让学生掌握探究问题的过程与方法更为重要，这是由"知识"向"能力"过渡的必须要求。

（2）教学难点

无理数意义的理解。设计意图：选用的无理数要典型才能相对准确地在数轴上找到点，这对于刚接触的学生来说是有一定难度的，比较陌生。

5.教学策略设计

教学工具设计：PPT动画展示，在黑板上用直尺圆规在数轴上表示出无理数。

6.设置学习任务

有理数的定义及如何分类；通过阅读课本中相关的定义，能举各类数字的例子；试着将实数进行分类；如何将 π 和 $\sqrt{2}$ 在数轴上表示出来，其他实数也可以表示吗？

同学根据教师的学习任务先自学，再交流讨论，理清问题的答案。

7.复习提问

师问：回答问题，什么叫有理数？有理数如何分类？

第一组：学生1：整数和分数统称为有理数，有理数按照定义和正负性有两种分类方法。

第一种:按定义分类:有理数 $\begin{cases} \text{整数} \begin{cases} \text{正整数} \\ \text{零} \\ \text{负整数} \end{cases} \\ \text{分数} \begin{cases} \text{正分数} \\ \text{负分数} \end{cases} \end{cases}$

第二种:按正负性分类: $\begin{cases} \text{正有理数} \\ \text{零} \\ \text{负有理数} \end{cases}$

设计意图:通过旧知识类比推理,便于掌握实数的两种分类。

8.引入新课

师:讲书上的章末数学活动:"发现无理数第一人希帕索斯的故事",出示习题:把无理数都化成小数,分为有限小数和无限且循环的小数两类。并举例说明。

学生2:无限不循环小数叫作无理数。无理数的例有: π , $\dfrac{\pi}{2}$, $2\pi - 1$, $\sqrt{3}$, $\sqrt[3]{7}$, $-\sqrt{12}$ 。

0.1010010001……(两个1之间依次多一个0)

168.3232232223……(两个3之间依次多一个2)

师:总结无理数的特征。

第二组:学生1:圆周率 π 及一些化简后含有 π 的数;学生2:开不尽方的数。

第三组:学生1:有一定的规律,但不循环的无限小数。

设计意图:知道具有什么特征的数为无理数,会把两者区别开。

师问:我们研究一下第三个任务,实数的定义,根据我们已有的学习经验,用不同的方法对实数进行分类;学生2:实数的定义:有理数和无理数统称为实数。

第四组:学生1:实数的分类:我们可按定义分类如下:

$$有理数\begin{cases}\begin{cases}正有理数\\零\\负有理数\end{cases}\\无理数\begin{cases}正无理数\\负无理数\end{cases}\end{cases}$$

师:要掌握两种分类方法。

设计意图:当学生的回答有瑕疵时,教师要加以纠正,或者由其他小组的学生纠正错误。教师在合作学习的过程中要起到引导者的作用,培养学生的分类能力、总结归纳能力,对实数分类的题型做得得心应手。

师:如图6-1,准备一个直径为1的圆,将其置于原点位置,标记好与原点重合的点,向数轴右侧滚动一周至点 O',数轴上点 O' 表示多少? 根据这个图可以联想到什么? 小组讨论完成。

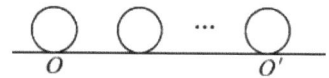

图6-1 示例图1

学生2:经过分析了解到,OO' 的长度为圆的周长 π,因此 O 表示数字 π,那么数轴可以表示无理数。

师:你能在数轴上表示出 $\sqrt{2}$ 吗?

第四组:学生1:在黑板用直尺和圆规演示

设计意图:学生作图不标准的要指正,运用数形结合思想,把数轴与实数结合在一起。在探究如何在数轴上表示无理数的时,促进学生积极参与,培养其勇于探索的精神。

9.练习巩固

练习题1:把下列各数分别填入相应的集合内。

$\frac{22}{7}$,3.1415926,$\sqrt{7}$,-8,$\sqrt[3]{2}$,0.6,0,$\sqrt{36}$,$\frac{\pi}{2}$,0.313113111……中有理数集合包括哪些? 无理数集合包括哪些?

学生先单独做题,再到组内交流,由成绩较好的同学教成绩略差的学生,最后再班级统一对答案。

第五组:学生1:第一题中有理数对应的集合为 $\frac{22}{7}$,3.1415926,-8,0.6,

$\sqrt{36}$,无理数集合为$\sqrt{7}$,$\sqrt[3]{2}$,$\dfrac{\pi}{2}$,0.313113111……

10.教学设计评价

实数这节课符合课程标准,在立足课本的基础上,有层次地设计问题,运用了数形结合思想,培养了学生的观察、总结、分析能力,把课堂设计得生动有趣。

通过课堂课后的分层训练,锻炼学生的分析问题能力和解题能力,多关注学生知识技能的发展和在教学活动中的经验总结。

(二)复习课教学案例研究

案例研究"平行四边形"一章。

1.课前作业

课前大家按照自己的喜好归纳梳理18章的知识点和经典例题,可以画思维导图,也可以归纳各个图形的性质和判定,也可以小组内分工合作完成。课前教师负责检查作业的完成情况,对学生作业的完成情况了然于心。

2.教学目标

让同学梳理本章所学的所有四边形性质判定的知识,多鼓励同学自主探究,通过小组合作的模式学习,增强学习能力。

3.教学重难点

(1)教学重点

梳理所有四边形、三角形的中位线定理的知识框架并会运用。

(2)教学难点

平行四边形与矩形、菱形、正方形这类各种特殊平行四边形的定义、性质、判定的综合运用。

4.合作交流

教师用PPT展示练习题,让小组合作交流答案,交流之后各组公布答案,并说明其运用的知识点。在各组同学回答的过程中,需要注意各组机会均等,同学和老师要注意听发言内容,有错误或者有更好的方法可以在同学发言完毕后举手修正。

设计意图:通过梳理知识点,激励学生认真做题、听课,把课堂交给学生,让学生成为课堂的主体。

5.归纳总结,梳理知识点

对各组的知识梳理进行检查,用投影仪展示个人或者小组优秀的作品。

教师在第五组、第六组、第七组和第八组中找人在投影仪上填空,每名同学去黑板上或举手回答出一种四边形的性质、判定、对称性和面积,让同学回顾知识点。

边:平行四边形:对边平行且相等;矩形对边平行且相等;菱形对边平行,四边相等;正方形对边平行,四边相等。

角:平行四边形:对角相等;矩形:四个角都是直角;菱形:对角相等;正方形:四个角都是直角。

对角线:平行四边形:互相平分;矩形:互相平分且相等;菱形:互相垂直平分,且每条对角线平分一组对角;正方形:互相垂直平分且相等,每条对角线平分组对角。

判定:平行四边形:两组对边分别平行;两组对边分别相等;一组对边平行且相等;两组对角分别相等;两条对角线互相平分。矩形:有三个角是直角的四边形;有一个角是直角的平行四边形;对角线相等的平行四边形。菱形:四边相等的四边形;对角线互相垂直的平行四边形;有一组邻边相等的平行四边形;每条对角线平分一组对角的四边形;正方形:有一个角是直角的菱形;对角线相等的菱形;有一组邻边相等的矩形;对角线互相垂直的矩形。

对称性:平行四边形:只是中心对称图形;矩形、菱形、正方形:既是轴对称图形,又是中心对称图形。

面积:平行四边形:$S=ah$;矩形:$S=ab$;菱形:$S=\frac{1}{2}d_1d_2$;正方形:$S=a^2$。

设计意图:展示优秀的作品,便于同学们欣赏、借鉴、学习,找同学填表起到一个示范作用,也给了学生思考的空间。对比四种四边形的性质、判定、对称性和面积,让学生辨析它们的区别和联系,加深对知识的理解。

6.查缺补漏,变式练习

给学生发放章末小结测试题,学生先单独完成,再由各组讨论、讲解、批改,组内成员要互帮互助。然后,各组派代表上黑板投影仪展示卷面,并选出小组代表上台讲解。

设计意图:让同学们合作学习,一题多变,培养应变能力。对于学生不理解的地方,教师适当点拨。最后,教师对测试卷进行总结,让学生熟记知识点,做到灵活应用。

7.教学反思

复习课是数学课中的重要课型,一部分相关新授知识学习完后就要进行一节或多节复习课,这个过程能够让学生理解巩固相关知识,也可以更好地学习后面有关联的内容。复习课的设计注重锻炼学生的解题能力、创新能力和数学思维,本节课是作者在教学过程中的一节课堂实录,课堂上让同学分组解决问题,发挥了学生的主体地位,落实了学习内容,最后的测试卷加深了学生的理解。教师在课堂上要充分信任学生,给予学生自我发挥的空间。

(三)讲评课教学案例研究

1.课前考试

前一天进行"整式的加减"的章节考试。

2.自主改错

教师当天把考试卷子批出来,长时间不讲解试卷学生对卷子的激情就没有了,批改发现学生对本章的学习情况较好,就是计算的准确率不足。第二天把卷子下发给学生,让学生先独立修改,分析试卷,把错误自己找出来,不能独立完成的在卷子上做好标记,组内互助解决。

3.小组互助改错

学科组长讲解组内同学不明白、不清晰或者存在争议的问题,组内不能解决的问题由记录员记录好,准备交给老师或者全班同学进行谈论。在组内谈论的过程中教师进行巡查,认真观察各组的交流情况,适当对小组进行指导点拨。合作交流结束后,同学们独立改错,不能抄袭,不遵守规定的同学可以给所在小组适当扣分。

4.评价与反思

教师在批卷时发现,有的题同学用了很多种方法解决,这既增加了教师的知识储备,又可以借助投影仪分享给班级的同学。课堂氛围活跃,但是存在部分浑水摸鱼的同学,不积极参加合作,这种现象还要想办法避免。

课程标准提到"四基"为适应社会生活和进一步发展所需要的数学的

基础知识、基本技能、基本思想、基本活动经验。小组合作学习模式教学能提高学生的"四基"，该模式能取得成功最重要的是能让学生在活动中经历知识的形成过程。

探究合作模式的课堂相较于传统课堂更开放、灵活，但不能说合作学习成为主导模式，它是在课堂教学基础上展开的教学手段，不能完全取代课堂教学，它的主要优势是集中集体的力量完成学习任务，该模式提高了学生学习数学的热情，教师科学有效地开展小组合作探究可以让学生提高成绩、锻炼自学能力、增强创新能力等实用性技能。在师生、生生、师师交流中可以让学生体会自身价值、增强合作能力、提高自信心、锻炼表达能力，从而促进学生个性的发展。

教师在课堂中的表现也极其重要，要起到引领者的作用，教师要有深厚的学识，亲和谦逊的态度。多教导鼓励学生，在课堂中宽容又不失威严，协调好各组的关系。研究发现初中生合作意识不足，团结精神和信念感较弱，易让合作学习趋于形式化，教师在日常教学也要教会学生合作的方式方法。课堂教学要把独立学习和合作学习相结合，有思考、有收获、有反思学生才能真正地成长。

从学生的课堂反映和情绪上看，学生的思维张力、专注投入程度、积极性、探究兴趣与热情都很高。在学生小组探究过程中，产生了新生成性教学材料（即有同学探究出了总统证法），为其他同学拓宽视野提供了很好的材料，同时也告诉学生解决问题的办法往往有很多种，千万不能因为有一点成绩就沾沾自喜，要和其他同学一起不断丰富自己、提高自己。

总体来说，这个合作探究式教学案例充分调动了学生的主动性，抓住了探究式教学的本质。当然，仅仅强调教师要放手，教师只作为指导者进行教学恐怕不是探究式教学的初衷。教师放手是为了让学生自己去建构知识，但如果没有学生的自主探究，没有小组间的交流合作，没有同伴知识和教师知识的参与和影响，即使课堂有探究、交流各环节有学生参与，那可能也只是流于形式而已，不能真正实现探究式教学中学生知识的自主建构。

探究式教学法应时代的需求和《课标》的要求以及学生自身发展的需要而逐步被人们所重视。新课程改革对初中数学教育提出的新要求改变了学生学习的方式，由以往的被动接受、机械模仿变为

　　自主探索、合作交流、根据自己的认知水平进行知识建构。教师创设教学情境问题，充分发挥学生学习的主动性与积极性，激发学生的学习兴趣，从而培养了学生发现问题、分析问题、解决问题和自学的能力。但是，教学是一个艰巨而复杂的动态过程，笔者在本文中虽然提出了一种较好的教学方法，而该方法也不能全面应用于教学实践。因为该方法的影响因素很多，对实施对象有较高的要求，比如之前提到学生的知识基础、自学意识、探究能力等。再有，在实验过程中造成了班级两极分化较为严重的后果，这些问题都不容易解决，因此，只有我们在教学过程中不断摸索、实践、总结，从而找出最适合教学实际的方法。

参考文献
REFERENCES

[1]艾丛潞.马克思人的全面发展理论视域下素质教育的本质回归[J].教育与教学研究,2022,36(05):13-24.

[2]陈超.失真与回归:对教学反思的反思[J].历史教学问题,2019(05):132-134.

[3]陈艳秋,林忠,殷晓丽.基于创新能力培养的研讨式教学模式探讨[J].航海教育研究,2022,39(01):71-75.

[4]代玉启.新时代青年理想信念教育的境遇与理路创新[J].思想理论教育导刊,2022(05):110-116.

[5]段冰,王曦,高路.教育法律法规概论[M].南京:南京大学出版社:2022:100-101.

[6]胡绪.教师一般育人能力及其发展研究[D].重庆:西南大学,2021:30-31.

[7]秦积翠,万鑫娟,张雅楠,等.教师专业发展研究[J].教育与教学研究,2019,33(06):89-129.

[8]李振峰.构建"高效课堂"的冷思考[J].基础教育,2015,12(03):78-83.

[9]刘升."参与式"教学的内涵与发展困境研究[J].教育文化论坛,2018,10(01):59-64.

[10]刘铁芳.教育走向人本:当代中国教育自觉的回顾与反思[J].南京师大学报(社会科学版),2022(01):5-16.

[11]罗建河,谌舒山."双减"背景下作业设计:理据与路径[J].当代教

育科学,2022(04):52-60.

[12]罗增儒.解题教学是解题活动的教学[J].中学数学教学参考,2020
(32):19-22.

[13]米华.和之辨——先秦与古希腊造物思想比较[J].创意设计源,
2019(06):54-59.

[14]邱德峰.学生作为学习者的身份建构研究[D].重庆:西南大学,
2018:40-41.

[15]王海霞,唐智松.教师核心素养教育胜任力研究[J].课程·教材·教
法,2020,40(02):132-138.

[16]王海霞.习近平关于意识形态教育重要论述探析[J].科学社会主
义,2022(03):41-47.

[17]燕学敏.中小学课堂差异教学评价体系的建构与反思[J].教育理
论与实践,2021,41(11):33-37.

[18]杨欣.教育数字化转型的算法机遇、挑战与调适[J].高等教育研
究,2022,43(02):13-22.

[19]于颖,谢仕兴,于兴华.青少年数字素养培养的必由之路:问题解
决[J].中国电化教育,2022(06):56-63+88.

[20]岳欣云,董宏建.素养本位的教育:为何及何为[J].教育研究,
2022,43(03):35-46.

[21]张亮.通识教育视域下我国教师核心素养培养的路径研究[J].教
师教育研究,2021,33(05):57-63.

[22]郑义富.关于数学精神、数学思想与数学素养的辨析[J].课程·教
材·教法,2021,41(07):112-118.

[23]钟柏昌,刘晓凡.论"五育融合教育"[J].中国电化教育,2022(01):
86-94+104.

[24]周如东,王梦娜.习近平"全过程"育人重要论述的内涵、特征与价
值引领[J].中国石油大学学报(社会科学版),2022,38(03):84-91.

[25]朱彩兰,张红锋,赵洁.高素质技能型人才数学教育观之我见[J].
高等继续教育学报,2020,33(02):15-19.

[26]朱立明.深度学习:学科核心素养的教学路径[J].教育科学研究,
2020(12):53-57.